肌肉百科全书

[日] 石井直方　著
魏文哲　译
胡　扬　审校

人民体育出版社

身体，自由自在。

想变得强壮。

想要塑造美丽的身体。

这些好像就是近乎人类本能的欲望。

而能够满足这些欲望的，是约占体重三分之一到一半的肌肉。肌肉力量训练被认为始于公元前2500年左右的埃及，但是从那时到现在的4500年间，人类一直在耗尽智慧和体力探寻肌肉的秘密。

肌肉活动是生命活动的原动力。不用说站立和工作，就连心跳和呼吸也都是由肌肉完成的。而且，只要肌肉处于活动状态，就会激活代谢，并燃烧掉多余的脂肪，使身体变得健康且有精神。

世界上虽然有各种各样所谓的“关于肌肉的常识”，但遗憾的是，并非所有的都是正确的。肌力无法提高、脂肪不能减掉、训练无法持续、竞技能力无法提高……有这些烦恼的人一定还很多吧。这不一定就是因为自身努力不够，还有可能是方法上的错误。

本书是为了使读者能够正确学习关于肌肉及训练方面的知识而编写的。无论是对于将要开始改造身体的初学者，还是对于目标为塑形的更高级别的练习者，在这里都能够找到与其各种需求相对应的内容。由于是一问一答的形式，所以从哪里开始阅读都没有问题。而对于你想知道的问题，都会得到关键点的精确解答。

如果进行了正确的训练，那么谁都可以让肌肉变得像梦寐以求般的壮大，而且还能更有效率地减掉脂肪。人生就如同买了单程车票的旅行，所以，如是想要幸福而精神饱满地生活，那就自由地支配身体，获得这样的生活吧。

目　录

第 4 章　战略性的调整 ……………………………（201）

第1章

从肌纤维认识身体

1 请告诉我肌肉的构造吧

肌肉主要是由肌纤维构成的。肌纤维的特征就是细胞巨大。其中有的单个肌细胞的粗细为 40~100 微米，而长度甚至能达到 10 厘米以上，这几乎等同于头发的大小。

那么肌纤维为什么会如此之大？这是因为，它是由被称为“肌芽细胞”的小细胞，通过相互粘连融合的方式形成的一个细长纤维状的细胞。由这些数量众多的小细胞集合而成的肌纤维，就如同有数百户入住的楼房，维持和运营都是很费力的。因为对细胞的营养供给、粗细和大小的调节、能量的供给等活动无法由一个细胞核全部完成，所以在细胞中会有许多细胞核，并通过它们的分工合作来维护这个大细胞的功能。这就造成，即使在一个肌纤维中也会出现细胞末端和中部的状况不太一样的状况。

由于本来就是非常辛苦地维持着这么大的细胞，因而即使只是一个细胞死掉也会蒙受很大的损失。一般细胞的机制是只要受伤就死掉，并由新生的细胞来替换它。但肌细胞机制则不同，如果只是损坏了肌细胞很小的一部分，那么它就会启动对受伤部分进行修补的工作。这是因为，对于这么大的细胞来说，如果不维修就太浪费了。另外，通过毁坏部分的修复，会使这一部位比以前更加粗壮。

例如，如果在格斗中受到击打，就会使被打部位的细胞受到损伤。如果这是普通的细胞，那么它就会死掉。但肌纤维则会将被打的部位修复并使其更加强壮。因此，越是通过训练让肌纤维疼痛，肌纤维就会变得更加强壮。但是，过分地进行激烈运动有可能会导致肌纤维坏死，因此训练也不能过度。应该在肌纤维还能顽强自我恢复的时点停止训练，并在之后不断地重复这样的训练。

2 怎样才能使肌肉强壮?

生物如果不能总是适应新的环境就无法生存下来，这对于肌肉也是一样的。如果环境变得严酷，就会启动为适应严酷环境而使机能更强的机制。与其他细胞相比，肌细胞的适应能力更强，且会更早地发生。如果给它很强的压力，它就会为了能够适应而变粗。那么为什么一定要变粗呢？这是因为肌肉发出力量的大小与肌肉的横断面积成正比的缘故。

在肌纤维的周围粘贴着很小的、能够修补肌纤维的“肌肉卫星细胞”。当肌细胞本体出现问题时，这些卫星细胞便会增生，并为了能够填充被破坏部分而进行制造新肌纤维的工作。而在肌纤维因完全断裂而死亡时，肌肉卫星细胞则会增生更多，并制造新的肌纤维。这就叫做“肌纤维的再生”。

肌肉卫星细胞的活跃并不一定只在肌肉受伤的时候发生。在进行激烈的运动时，肌纤维会发出急救呼叫信号，此时被称为生长因子的物质会分泌出来，引起肌肉卫星细胞的增生，并经相互粘连融合促使肌纤维变粗。

至于肌肉的变大仅仅是由于每一个肌纤维变粗引起的，还是

由于肌纤维数量增加引起的，还没有明确的结论。也有学说认为，由于肌肉卫星细胞具有制造新的肌纤维的能力，因此肌肉变大是由于在每个肌细胞增粗的同时产生新的肌细胞引起的。只是，肌纤维的数量仅在肱二头肌就有数万个，因而在它上面测定是否增加了 100 个是非常困难的。而目前普遍认同的是，每个肌纤维变粗是导致肌肉变强壮的主要因素。

3 请告诉我关于肌细胞的一生

包括人类在内，动物的受精卵在分裂时，会分化成三个胚叶，分别是外胚叶、内胚叶以及埋在二者间的中胚叶，而肌肉的源头被认为是中胚叶的细胞群。

在中胚叶被称为“侧板”的地方的细胞，可能会随着成长向上肢和下肢方向移动，并在那里形成肌肉。也就是说，当接到像“你到上肢去当肌肉吧，你到下肢去当肌肉吧”这样的指令后，细胞就会向各自该去的地方移动，并形成肌细胞。但是在什么时机、用什么样的形式发出命令，在现阶段还不清楚。

作为肌细胞源的“肌芽细胞”移动到目的地后，会在那里增生、融合形成很长的肌纤维。但也有一部分细胞可能只是停在那里，老老实实地粘在肌纤维的表面，而这被认为可能是“肌肉卫星细胞”。目前普遍认为，肌肉卫星细胞到后来会变成“干细胞”，它起着让受伤细胞获得新生的“种子”的作用。

这里不得已使用了不确定的表达方式。因为事实上，人们现在还没有完全弄清楚肌细胞形成的详细过程。因此，将来还可能会不断地涌现新的发现。

到了胎儿期后，肌纤维会不断增加形成肌肉。肌纤维的数量被认为是在这一胎儿期决定的，之后虽然肌纤维会变粗，但其数量不会再增加。从原理来讲，虽然也有在数量上出现稍微增加的可能性，但不会发生增加 2 倍、3 倍那样的很大的变化。也就是说，在出生后，是一定数量的肌纤维通过各自变粗的方式使肌肉全体成长起来。

如果顺利地成长，在 20~30 岁肌肉的尺寸会增至最大。而从 30 岁左右开始，在数量不变的情况下，每条肌纤维将逐渐变细。到 40~50 岁时，在每条肌纤维变细的同时，其数量也会逐渐变少。肌纤维就是这样完成自己的使命的。

4 完成使命的肌细胞会变成什么？

随着年龄的增长会发生肌纤维数量的减少，这说明肌细胞也在逐渐死亡。就如同人们还不完全了解肌纤维的形成过程一样，关于完成使命的肌纤维是以什么样的方式死去的，目前还无法完全解释清楚。

现在比较有力的说法是被称为“细胞凋亡”的死亡方式。它也被称为“程序性细胞死亡”，就是已经衰老的肌纤维自我结束生命的方式。如果留下受伤的细胞，身体就有可能因此而生病，使身体处于更加不利的状态。这时，自我判断为“我是累赘”的细胞会通过自杀的方式来维持身体健康。细胞有可能从一开始就具备这样的自杀程序，并使神经和肌肉随着年龄的增长而逐渐减少。这是不是有点像名言中的“老兵只能消逝”的味道呢。

顺便说一下，这种细胞凋亡在快肌纤维好像要比慢肌纤维发生的更加强烈。而随着年龄的增加出现的数量上的减少，也是快肌纤维明显早于慢肌纤维。

另外，在细胞死亡的过程中，还有被称为“坏死”的现象。这是指肌纤维因受到严重损伤，在细胞凋亡前就死掉的现象。比如说，当肌细胞膜受到破坏时，会使平时不存在于细胞中的钠和钙等物质突然从外面涌入，并造成蛋白质的分解酶突然活跃，使细胞在一瞬间溶解掉。如果将细胞凋亡称为主动性死亡的话，那么细胞坏死就可以称为被动性死亡吧。

那么，每个细胞的寿命会是多少呢？组织细胞的寿命可以分为两类。皮肤细胞、肠上皮细胞、肝脏及造血组织细胞的特点是旧的细胞不断死亡，并由不断产生的新细胞替换，因此它们也被称为“再生系组织细胞”。而肌肉、神经、心脏等部位细胞的特点是死亡后基本上不会发生再生，因此也被称为“非再生系组织细胞”。也就是说，从出生到死亡，我们一直拥有着同样的肌纤维，而肌纤维也因此会有非常坚韧的构造。一个细胞上不仅拥有多个细胞核，而且在受到一些伤害时还可以通过进行部分修复的方式来治愈自己。

也就是说，从出生开始就陪伴我们一生的肌细胞，是像家族一样的存在。因此，在它的使命结束之前，请珍惜它吧。

5 在被破坏的肌纤维上会发生什么？

常说训练会造成“肌肉受到破坏”，但破坏程度实际上并没有想象的那样夸张，只不过是肌纤维的构造发生一点紊乱的程度而已。也就是说，并不是那种肌纤维完全断裂，或者锻炼部位的肌纤维变得破烂不堪的程度。

如果是肌纤维被过度使用到断裂的程度，肌纤维会以坏死的形式死掉。由于蛋白质分解酶的作用，坏死的纤维会分解为氨基酸并溶解掉。之后，其中的一部分作为肌肉的原材料会被再利用，而另一部分则变为尿素随尿液排出体外。

另一方面，在坏死的部分会发生肌纤维的再生，并经过 10 天至 2 周产生新的肌纤维。

但如果说要更及时地对肌肉进行修补，那么相对于制造新的肌纤维，在受伤部位用结缔组织（胶原）填补就会更加快捷。也就是说，在从疲劳中恢复之前又不断地进行破坏肌肉的训练，肌

肉就会纤维化（Fibrosis），即肌肉中结缔组织性质的纤维增多，形成俗称为“僵硬肌肉”的肌肉类型。若变成这种肌肉类型，那么无论是用力还是放松，肌肉的硬度都不会发生大的变化，而这并不是我们想要的。

如果肌肉达到感觉到疼痛程度的疲劳，那么这是需要休养的信号。但并不是说只要还残留着一点疼痛就完全不能训练。实际上，由于增加训练频度对于提高肌肉力量是非常重要的，所以即使多少有一点肌肉疼痛，但还要在可承受的范围内进行训练。只是，如果与之前相比有明显的疼痛感，且无法发挥爆发力，那么还是不强求自己训练为好。

6 身体中有多大比例是肌肉？是通过什么样的机制来运动的？

如果用重量来表示，对于30岁之前男性来说，其体重的40%~45%是肌肉，而女性则是35%~40%。

为了很好地使身体活动，在末端拥有大的肌肉从设计本身就是不合理的，所以，越是接近于身体中心的肌肉就越大，而越是接近于身体末端的肌肉就越小。其中，大的肌肉是动作的原动力，而小的肌肉则负责将力量传达到末端。在肌肉工作的方向性上，“从内向外”是基本原则，并由神经来调节这些工作。

在进行杠铃卧推动作时，我们头脑中不会想着最初使用胸大肌，然后用三角肌、肱三头肌。因为在头脑的某一部位，可能存在着将这个肌肉和那个肌肉按顺序使用的程序，而肌肉会自动地连动起来完成动作。

但是，由于运动是一个复杂的过程，因此并不仅仅是按事先准备好的程序工作，期间还需要不断地反馈外界的信息。如在动作过程中发生意外时，可能需要迅速规避危险，也有可能需要切换到其他程序。也就是说，中枢神经是在反馈肌肉发回的感觉信号的同时控制动作的。

其中，也有与中枢神经系统无关，而只发生感觉神经系统反馈的运动，也就是反射。将这些情况包含在内，人是将所有事情绝妙地调整着进行运动的。

虽说大致的程序会在大脑中编排，但运动并不是自然形成的，而是通过程序编排形成的。如立、坐、走、跑等日常运动，就是通过从婴儿就开始进行了那个动作才逐渐形成的程序。

就如同刚开始时我们不能骑好自行车，但只要一旦学会，就一生都不会忘记一样，越是与日常生活、生命活动有密切关系的运动，只要形成定型，那么这个程序就不会消失。

同时，越是基本动作，一旦形成错误定型，改起来就很困难，就像形成坏习惯后很难再改掉一样。因此，最初的程序是非常重要的。

头脑被称为是输出依赖型器官。只有将程序化的信息输出时才开始出现学习效果。在竞技体育等活动中，虽然在头脑里想着要做好，但在最初却很难顺利实现。只有在不断重复“做得很好”这样的体验，才会逐渐形成好的程序。这就是所谓的练习。

7 “红色肌肉”和“白色肌肉”是什么?

目前，肌纤维被认为可以分为7种类型（只是到目前为止，其实到底有多少种类还没有确定下来）。如果用最粗犷的方式进行分类，则可以分为“快肌纤维”和“慢肌纤维”这两类。其中快肌纤维有5种，慢肌纤维有两种，合起来共7种。在这里先记住一种慢肌纤维（I型）和两种快肌纤维（IIa型和IIb型）吧。

快肌纤维的特征是收缩速度快、力量大，但不具备耐力，因此它被称为是短跑型肌纤维。而慢肌纤维收缩速度慢、力量小，但具有耐力，因此它是马拉松型肌纤维。IIb型是快肌纤维中的快肌纤维，虽然收缩速度非常快，但很快就会疲劳。IIa型是I型肌纤维和IIb型肌纤维的中间型，是集力量、速度和耐力于一身的万能型肌纤维。

这三种肌纤维的颜色是不一样的。I型肌纤维是红色，因为它含有很多肌红蛋白、细胞色素等红颜色的蛋白质。通过这些蛋白质的工作，可以使肌纤维摄入氧，并协助其进行有氧代谢产生能量。这就是I型肌纤维具有耐力的原因。而在IIb型肌纤维中，由于肌红蛋白和细胞色素非常少，因此肌纤维的颜色会发白。基于以上内容，快肌纤维才被称为白色肌纤维，而慢肌纤维则被称为红色肌纤维。至于IIa型肌纤维，由于它的颜色介于红色和白色之间，因此被称为中间色肌纤维或粉红色肌纤维。

对于人类来说，绝大部分肌肉的肌纤维比例都很平均，是快肌纤维和慢肌纤维各占50%，所以肌肉全体会呈现粉红色。

但也有例外。如处于小腿后群肌深层的比目鱼肌中，慢肌纤维占绝大多数，因此是典型的红色肌纤维。与此相似，在日常活动中常用的肌肉以及维持身体姿态的肌肉等也是红色肌纤维占据多数。与此相反的是存在于小腿表面的腓肠肌，它是在跳跃、爆发性运动中使用的肌肉，因此快肌纤维占多数，而颜色也是略微发白。

通过对奥运会比赛级别运动员的调查，得出了短跑运动员的快肌纤维多，而马拉松运动员慢肌纤维多的研究结果。另外，还弄清了同一肌肉中红白比例是由遗传决定的。这就意味着，对于一个人，在出生时就可以大致判断出他（她）是否能够在短跑上获得成就，或者是否能够成为优秀的马拉松运动员，又或只是能够达到一般人的水平。从到目前为止的大量的研究来看，通过训练增加快肌纤维的比例是很困难的。但对于慢肌纤维来说，通过长期训练还存在增加的可能性。也就是说，相对于短跑运动员，马拉松运动员的成绩对先天素质的依赖性可能更小一些。

8 有检查肌纤维类型的部门吗？

快肌纤维多的人被认为是短跑运动员型，而慢肌纤维多的人则被认为是马拉松运动员型（请参考问题7）。谈起这些，说不定会有人想知道自己到底是属于什么样的肌肉类型。

但确切地说，进行肌肉类型确定还是很麻烦的。

最近，由于技术的进步，进行肌肉类型检查也并不像以前那样困难。主要方法就是，先进行麻醉注射，之后切开皮肤，再刺入跟圆珠笔一样粗的针获取肌肉组织。而在进行检查后的近一周时间里该处将处于肌肉损伤状态。可以看出，这几乎相当于外科手术，因此即使是以研究为目的，在日本通过伦理审查等也是非常麻烦的。

与日本不同，在芬兰、丹麦等国家是频繁地进行这种检查的，因此可能比日本有更多的机会。换句话说，若要进行肌纤维类型的检查，去北欧也许是最快捷的方式。但为此而特意去北欧去承受疼痛是否值得呢？而且，虽说是肌纤维类型检查，但实际上只不过是采集股四头肌最外侧的一部分而已。而实际上，如果不进行多处的检查，是不能完全弄清全身快慢肌纤维比例的。因此，如果只是为了自己的兴趣的话，这种检查其实并没有太大的意义。

但如果非要知道自己的肌纤维类型，那还有更简单的方法。先进行 50 米计时全力跑并算出跑速，然后进行 12 分钟跑（观察 12 分钟内跑多少距离）并算出跑速。之后再计算两个速度的比值。对于速度之比和肌纤维比例的关系，由于已有人对其进行了相关性研究，因此，只要知道了跑速之比，就能够大致推测出肌纤维比例。其实，这种推测原理与推测体脂肪的原理是一样的。体脂肪计并不是对体脂肪本身进行严格的测量，而是将身体各部位产生的电阻与相关图表进行对照，并推算出体脂肪率。肌纤维比例的推算方式也与此类似。

依据 1989 年发表的研究数据，若 50 米跑速度除以 12 分钟跑速度的值为 2，那么快肌纤维所占的比率约为 70%，其肌肉类型属于快肌型。相反，如果这个值是 1.4 左右，那么快肌纤维的所占比例为 40%左右，其肌肉类型属于慢肌型。通过这种方式，我们就能够大致估算出自己肌纤维中的快肌是占一半，还是更多，或者更少。事实上，即使是采用针刺检查，得出的结果也不会比这个数据更好。

在普通人进行 12 分钟跑的过程中，会有一部分人因无法完成 12 分钟跑而在中途停止。当遇到这种情况，也可以通过记录 2000 米跑成绩和跑速的方式来代替。如果是年轻人，可以回想一下高中时期 50 米跑的成绩并计算一下，也是可以的。

9 “超量恢复”是什么？

超量恢复这个说法，其实并没有作为正式的理论而被使用。

进行了训练，肌肉就会疲劳。在疲劳之后，如果肌力一直处于低下的状态就会发生困难，因此肌力会逐渐恢复。如果只是反复地进行从疲劳到恢复的这个过程，肌肉并不会变得强壮，因此就有了“在恢复之后应该有比训练之前更强的时段”这种假说。由于认为“虽说还不能弄清真实情况，但应该一定存在这种阶段”，因此将从疲劳阶段恢复后肌力超过之前水平的现象称为超量恢复。

但是，并没有谁真的看见过超量恢复。在特殊条件下进行训练，并追踪其数据，确实也可以见到一些超量恢复的现象。但是否在一般情况下的训练中也会出现，实际上还不清楚。更何况，如果只进行一次训练就能用眼睛观察到肌肉变得强壮是不可能的。

在今天的训练中举起了 100 公斤，那么明天和后天是恢复期，而到了大后天就会因为超量恢复而能举起 105 公斤，这不太可能吧。如果状态好的话，说不定能举起 102.5 公斤，在 3~4 天后一定又会有超量恢复，那么这几乎只是个幻想。也许另一种想法更好一些，那就是在训练后只是发生微量的超量恢复，而只有将其不断积累下去，肌肉才能逐渐变得更加强壮。

对于已经适应了的训练，有时会在 2 天后完全恢复，而对于没有适应的特殊训练，则有时需要 10 天至 2 周才能完全恢复。因此，对于在训练后需要多久才能恢复，并不能一概而论。但可以提示的是，在恢复期，肌肉中蛋白质的合成水平会升高，这是为了将作为营养素摄取的氨基酸合成起来制造新的蛋白质，从而使肌肉变粗。这种合成会持续到 48~72 小时之后。在这之后，肌肉的修复与合成可能会告一段落。如果发生超量恢复，可能是在这一阶段吧。

在恢复期，竞技能力会处于低下水平，而在此时即使进行剧烈的运动也不会对肌肉的粗壮有好的效果。因此，如果对同一部位进行锻炼，那么最少也要在间隔 48~72 小时之后进行。

10 如何才能使肌肉更快地肥大？

如果要在不使用兴奋剂的自然条件下尽快地使肌肉变得肥大，那么它总是会有极限的。

虽然如此，但在我们正在研究的“加压训练”（请参考问题88）中，通过2周的训练，成功地使肌肉增粗了8%（在一般的训练中提高8%约需要10周时间）。由于加压训练的负荷很轻，所以不会留下疲劳，也因此可以将时间集中起来进行训练。这种训练每天可以进行两次，时间分别为早晨和晚上，训练部位为腿的同一部位，每周训练次数为从周一持续到周五。通过这种训练，会使下半身肌肉在短时间内变得肥大。

从这个例子可以看出，若要尽快促进肌肉增长，关键在于如何使训练后的恢复时间缩短，并在不发生过度训练的前提下，尽可能地提高训练的频度。而为了实现这个目的，即使将1次的训练量减少一些也是可以的。相比这些，重点应该放在摄取抗氧化物质和充足的蛋白质上，以使肌肉恢复更快。

从营养层面来讲，仅摄取恰好满足需求的能量会使肌肉粗壮变得困难，因此即使有体脂肪增加的可能性，摄取的总热量也要稍多一些。其中，糖等物质更应该充分摄取。在现在看来，对于尽快地促进肌肉的增长，多练多吃，使肌肉很好地恢复，可能是最好的方式。

如果是年轻人，不喝水而在 1 天内饮用 2 升左右的牛奶也是可以的。虽然也会同时摄入脂肪，但身体会眼看着变得粗壮，体重值也会在每次站上体重计时上升。由于最近出现了低脂牛奶，因此对于想要快速将身体变壮的人，这种方法可能是值得试一下的。

11 1 年能够增长多少公斤肌肉?

由于有各种各样的评价方式，所以这是一个很难的问题。

首先，从营养学的角度来说，对于体型大的欧美人每天摄取体重数 × 2 克的蛋白质被认为是比较理想的。也就是说，如果是体重为 70 公斤的人，那么每天的蛋白质摄取量应该是 140 克。这是运动员持续进行剧烈运动后，在 1 天能够通过消化吸收变成自身身体的蛋白质量，而对于日本人来说，这个数值被认为是体重数 × 1.5 克。

假设 70 公斤的人 1 天摄取 1400 克蛋白质，而这些蛋白质完全转变为肌肉，那么 10 天就是 1.4 公斤，1 个月就是约 4 公斤，而 1 年的极限就是 48 公斤。但这仅仅是理论上的极限值，实际上，摄取的蛋白质是不可能全部转变为肌肉的，转变为肌肉的量最多也不过是 1/2 ~ 1/3 而已。

其实，我们已经进行了与这个问题相近的实验。为了了解平时不怎么运动的人通过 3 个月的训练会增长多少肌肉，我们筛选特定的肌肉进行了研究。结果是，不论年龄和性别，均会有 20%左右的肌肉量增长。也就是说，假设体重为 70 公斤的男性，有体重的 40%（约 25 公斤）是肌肉，那么通过 3 个月增加的肌肉量为总肌肉量的 20%（5 公斤左右）。如果这么计算，那么通过 1 年的训练将会增加 20 公斤的肌肉。但这个数值仅会在没有训练经历的人、摄取 100%完美的营养、并进行完美训练这种前提条件下才可能发生，因此也仅是在实验上的上限值。

依据我当健美运动员时的经验，从训练开始后的第 2 年到第 3 年，1 年间增加了 20 公斤左右的体重。当然，由于脂肪也增加了，增加的肌肉量可能是 15 公斤左右。同时，这时的杠铃卧推重量也从 120 公斤增长到了 170 公斤。而对于肌力发挥的上限值，虽然没有严谨的数据，但达到本人原来拥有肌肉力量的 2 倍，被认为是基本上达到了个人的极限。

12 肌肉的性质会因部位的不同而有差异吗?

答案是“YES”。肌肉具有与功能相对应的各种各样的特点。

首先，从构造开始看吧。膝关节和肘关节的伸肌等，用于关节伸展的很多肌肉被称为“羽状肌”，它们的肌纤维就像羽毛一样呈并行排列构造。由于羽状肌单位横断面积内的肌纤维多，所以被认为是更适于肌力发挥的肌肉。为了在与重力相反的方向上维持人体的姿势及活动，关节的伸肌是不可或缺的。因此，关节伸肌拥有了为支撑身体而能够发挥很大力量的结构。

与此相反，关节的屈肌并不是为维持身体与重力方向相反的姿势而工作。对它来说，更快更大地运动是其最优先的工作。为此，它们被称为“平行肌”（梭状肌），而肌纤维的走向是平行的，而即使是羽状肌，其肌纤维也具有倾斜度很小的构造。也就是说，不同肌肉具备的构造是与其在关节的工作相适应的。

接下来，肌纤维的性质是怎样的呢？用最容易理解的肌纤维类型来比较一下看看吧。很多肌肉中慢肌纤维和快肌纤维的比例是与其被要求的机能相适应的。最为明显的是小腿深层的比目鱼肌。比目鱼肌是为了维持站立姿势而不停工作的肌肉，因此，也就有了力量小却能够持续工作的慢肌纤维比例多的结构。

与比目鱼肌一样，用于在与重力相反的方向上维持人体姿势及活动的腹部肌群和背部肌群等，基本上都是慢肌纤维比例多的部位。

相反，如果问快肌纤维多的肌肉在哪里，答案是，在人身上并没有什么特别显著的部位。只是，如果比较一下小腿后群肌的不同肌肉，那么位于比目鱼肌外层的腓肠肌的快肌纤维比例要比比目鱼肌高出很多。这恐怕是由于人在做跳跃等动作时，腓肠肌的主要工作就是尽快使腿部关节伸展的缘故吧。

如果要比较肌肉性质的不同，那就要知道一个肌纤维内含有多少细胞核，或者有多少对于肌肉再生不可或缺的“肌肉卫星细胞”。但是，至少对于人类来说，还没有完成与此相关数据的详细调查。而如果仅从显微镜下观察的肌纤维的一部分来看，被认为与肌肉收缩相关的肌节宽度等并没有因部位的不同而有很大的差异。

13 同样的动作一定会使用同样的肌肉吗?

几乎可以 100%明确地说，答案是“NO”。

即使自认为是在做完全一样的动作，但要知道被使用的肌纤维种类和比例有着无限大的组合形式。还没有任何证据证明，在第一次和第二次完成的动作可以完全相同。反而，认为能够完成相同动作的概率是非常低的，才是更加自然的思维方式。

比如，在屈肘这一非常简单的动作中，主要使用的是被称为肱二头肌、肱肌、肱桡肌、旋前圆肌的这 4 块肌肉。但现在还没有弄清这 4 块肌肉在完成工作中到底是被如何分配的。是各 25%，还是 30：30：20：20? 既然连主要肌肉是如何被分配的都不清楚，那就更谈不上什么使用各肌纤维的哪一部位等问题了。

何况，除了这4块肌肉以外，还有为肘关节的稳定而使用的肱三头肌等肌肉，因此，如果想到组合方式就根本没有边界。因此，再度出现同样的动作是不可能的这种想法是成立的。也就是说，在不确定因素大量存在的条件下，是不是只是偶然做着现在这个动作呢？

那么，在无限大的组合方式中，是如何选择一个动作的呢？这可以推测为，很可能是在人的大脑中经过非常复杂的处理，使之最佳化，之后使用了可以使效率最高的肌肉。

但是，最适合的肌肉使用方法，果真是只需无意识地工作就可以了吗？由此产生了“意识”这一问题。已经弄清的是，虽然同样是屈肘动作，是直接在眼前弯曲，还是在头顶弯曲，或者为了将什么东西向远处投掷而进行弯曲，只要在意识上有一点不同，肌肉的使用方式会发生很大的变化。

与其将意识集中在目标肌肉上，不如将意识集中在用什么样的轨迹、向什么方向用力，说不定更能左右训练效果。但在现阶段这也只不过是预测而已，而若要完全弄清动作过程，好像还需要有一定的时间。即使如此，在训练时，若能想着同样的动作也不是一样的，并将注意力放在意识的方向上，可能效果更好。

14　“肌肉感觉”是什么？

所谓肌肉感觉就是指通过位于肌肉内部的感受器接受的感觉。就如同可以说成“肌肉是感受器”这种程度，我们的肌肉中有大量的感受器。

其中，从很早就开始研究的是“肌梭”。它是能够感觉肌肉长度变化的本体感受器，并具有在肌肉拉长时向中枢发出“我被拉长了”的信号的功能。另外，相对于肌梭，还有被称为“腱梭”的感受器，它有着取自著名解剖学者名字的“高尔基腱器官”的称谓。

此外，在肌肉中还有各种各样的、感受化学物质的“化学感受器”。把这些合起来也称为“伤害感受器”，是能够感知到外部伤害的感受器的意思。比如，发生肌肉拉伤时会疼痛。这是由于在受伤后会有许多物质从细胞中流出，这时伤害感受器会感知到这些并发出“疼”的感觉。这与警报装置的功能相似吧。

经过各种各样的研究了解到的是，当伤害感受器向脑部传达信号后，会引起全身性的反应。肌力训练后引起的生长素分泌也是这种反应之一。在激烈的运动之后，如果肌肉中有代谢产物滞留，那么其中的乳酸和氢离子就会刺激伤害感受器。这时，伤害感受器将向脑部传送信号，而脑会向脑垂体传达信号，从而使生长素等分泌。

与肌肉的活动本身相比，虽然关于肌肉感觉方面还有许多没有弄清的部分，但可以说它们对于我们来说是不可或缺的。

15 为什么会发生肌肉痛呢？

肌肉痛有两种。一种是“急性肌肉痛”，是运动后即刻就产生的疼痛。在急性肌肉痛中既有由肌膜撕裂等伤害引起的疼痛，也有因疲劳物质积累而引起的疼痛。其中，更多的是后者。疲劳物质是指与乳酸一起制造出来的氢离子（经常被误解，其实并不存在乳酸这种物质），它会使肌肉内形成极度的酸性，进而产生“疼痛”“疲倦”“沉重”等感觉。

另外一种是“延迟性肌肉痛”。是在次日或者第三天出现的疼痛，也就是一般性的肌肉痛。运动会造成肌细胞内的微小损伤，并在那里产生炎症反应。而一旦发生炎症，那么就会产生大量的、在受到外伤或有毒素侵入时被激活的组胺等物质。由于在这些物质中存在产生疼痛感、瘙痒感的物质，所以在发炎的同时会有肌肉肿胀、发热，或者在用力时疼痛等症状。

在运动中，特别容易引起肌肉痛的是“制动动作”。如在进行杠铃卧推练习时，与上举杠铃相比，下放杠铃的动作更容易使肌肉受伤。再如，在登山运动中，上山时并不容易发生肌肉痛，但在下山时却会经常发生。在滑雪后出现肌肉痛也是同样的原因。

由于肌肉损伤的难易度还取决于肌肉的状态，因此，平时很少运动的人一旦进行运动，就很容易发生肌肉损伤。而年龄越大越容易出现的肌肉痛，也可能与其平时运动减少有关吧。

一旦产生肌肉痛，白细胞就会集中起来制造活性氧，以用来杀死细菌等病原体，或对受伤部位进行清理。这时的它们总是会做出过度的反应，做得往往要比需要的更多。由于这种作用，有时会使肌肉痛加重，而有时还会使肌肉痛时间延长。此外，年轻人对活性氧的抵抗力强，而随着年龄的增长这种抵抗力会逐渐变弱。因此，随着年龄的增长，会有肌肉痛的时间容易变长的倾向。

如果已经发生了肌肉痛，在运动后即刻进行冷却是比较好的方法之一。而在晚上沐浴后进行拉伸等促进血液循环的工作，对缩短炎症的治愈时间也有好处。另外，在运动后注意进行拉伸等活动，对减轻肌肉痛也是有帮助的。

除此之外，对于防止过度反应，维生素 C、维生素 E 以及多酚等抗氧化物质都是非常有效的。这些物质既可以通过营养品来获得，也可以通过积极摄取柑橘、芝麻油等食物来获得。通过这些方式可以使肌肉痛早日痊愈，并使肌肉得到恢复。

16 由遗传因素决定的是什么？

关于在肌肉以及运动的关系中有哪些是遗传因素决定的，仅目前已知的有三个。其中，最先知道的是肌纤维的组成。

在 1976 年，日本某位生理学家采取了双胞胎被测者的肌肉，并比较了快肌纤维和慢肌纤维的比例。结果，虽然双卵性双胞胎的肌纤维成分毫无规律，但单卵性双胞胎的肌纤维成分却完全一致。基于这个实验，这位生理学家就发表了肌纤维成分是由遗传决定的报告。这个报告发表之后，前东德等国家在早期就对有能力的运动员进行了肌纤维成分检查，并将其作为运动员选材的手段予以应用。如，若发现了慢肌纤维多的孩子就认为他不适于短距离项目，并将其转向耐力项目，等等。

第二个是，能够抑制肌肉生长的被称为“肌肉生长抑制素”（请参照问题 17）的基因。拥有先天性突变基因的生物也是存在的。由于这种基因发生变异的概率被认为是 1/40000，因此即使本人和周围的人不特别留意，也很有可能在自己的视力范围内存在。如，在进行肌肉力量训练时，若某人与普通人相比出现更明显的肌肉增长，那他说不定就是拥有先天性肌肉生长抑制素突变基因的人。

第三个是，我们也在研究的被称为 ACTN3 的基因。这是制造被称为辅肌动蛋白 α-3 的蛋白质的基因。虽然目前还没有完全弄清楚，但至少可以说，双亲若都是正常型的话，这个人可能更适于短距离竞技项目（详细内容请参考问题 20 和问题 21 的内容）。

17 妨碍肌肉成长的“肌肉生长抑制素”是什么?

肌肉生长抑制素是由肌纤维分泌的一种蛋白质。说到它的作用，与其说它“妨碍”肌肉生长，还不如将它说成是“强烈抑制”肌肉生长的因子之一可能更加贴切。

那么，为什么需要抑制生长的因子呢？作为肌肉起源的“肌肉卫星细胞”（请参考问题2）虽然是肌肉发达以及修复中不可或缺的细胞，但肌肉卫星细胞如果无休止地过度分裂增长，那么不仅会使肌肉异常肥大，而且还会有发生肿瘤的风险。为此，既要有促进肌肉卫星细胞增殖的成长因子，也要有像肌肉生长抑制素那样制约细胞生长的因子。

在使用老鼠进行的动物实验中得出了这样一个实验结果，那就是在对老鼠肌肉施加强烈刺激的情况下，肌肉生长抑制素的量约减少为原来的三分之二。而在人体上，通过对进行“加压训练”（请参考问题 88）而变得肥大的肌肉的研究发现，也得出了肌肉生长抑制素的量约减少一半的结果。由这些结果可以看出，肌肉生长抑制素对于肌肉适应外部刺激以及剧烈训练都起着非常重要的作用。

那么，从肌肉生长抑制素的角度来说明由肌肉力量训练造成肌肉肥大的机制吧。当通过训练刺激肌肉时，首先会使肌肉生长抑制素的量减少，而这会使因肌肉生长抑制素而处于抑制状态的肌肉卫星细胞的增殖活性化，并使增殖的细胞融入肌纤维，使肌纤维发生肥大。另外，最近知道的是，训练的刺激有可能会使妨碍肌肉生长抑制素的蛋白质（肌肉生长抑制素对抗物）增加。

18 有天生肌肉发达的人吗?

关于一生下来就肌肉异常发达的动物以及婴儿的报告是存在的。

这与被称为“肌肉生长抑制素”的成长因子（请参照问题 17）有关。对于人以及牛来说，如果因母亲腹内的胎儿肌肉的增加而造成的身体越大，生产就会越困难。因此，在快要生产时，肌肉生长抑制素的分泌量就会增加，以抑制胎儿肌肉的生长。与此相反，在出生后，为了迅速发展婴儿的肌肉，肌肉生长抑制素的分泌量就会急速减少。

1997 年，弄清了这样一件事情，那就是到当时为止被称为

“肌肉倍增突变”的、肌肉量很大的一个牛的品种，是由于遗传基因异常、根本不分泌肌肉生长抑制素造成的。相比其他的普通牛，这个牛的肌肉量要多出30%左右。肌肉生长抑制素有抑制作为肌肉起源的“肌肉卫星细胞”增殖的作用。如果完全不能制造肌肉生长抑制素，肌肉就会异常增加，使肌肉的生长得不到控制。

如果肌肉量增加就可以在这头牛上获得更多的食用肉，因此，在欧洲就通过近亲交配的方式维持这种牛的系统。其中，被称为“比利时蓝”的品种，据说其肌肉多到可以把它错认为是犀牛的程度，而且由于这种牛的膻味和脂肪都很少，且汁多，所以味道非常鲜美。

事实上，已经发现了与这种牛情况相似的、完全不能制造肌肉生长抑制素的婴儿。2004年，由德国医生发现的婴儿以“超级宝贝”的名字登载在报纸上。报道说，这个婴儿在出生时的肌肉量是普通婴儿的两倍，并在6个月后就可以站立，而到了3岁时就已经能够抬起3公斤重的哑铃。在随即进行的对这个孩子的家族调查发现，双亲均为职业田径运动员，且爷爷是传奇性的大力士。而进一步追溯其家族史发现，该家族中被称为大力士的最少有5个人。

肌肉生长抑制素出现异常会使肌纤维的数量增多，若通过训练再使每个肌纤维都增粗，那么就有可能使其超乎想象的强大。如果对这样的人进行对运动员来说都是最新的肌肉力量训练，那么他就有可能达到普通人5倍左右的肌肉力量。而这样的他会有什么样的竞技表现，会是非常有趣的事情。

这种变异发生的概率意外地并不低，可能性约为1/200。双亲若都是变异型，其概率为1/200乘以1/200，结果是1/40000。也就是说，产生肉倍增突变的婴儿的概率是1/40000。这个概率或许比能够出现在奥运会赛场的概率还高。这么看来，在以往的奥运会运动员中，存在拥有变异型基因的运动员的可能性应该很高吧。

19 肌肉也会优性（显性）遗传吗？

从字面来看，“优性”（显性）这个词很容易让人对其误解，但实际上，优性（显性）遗传说的并不是将所有优秀特征都继承的意思。遗传并不仅仅局限于肌肉，身体所有的特性基本上都会遗传。举例来说，如果父亲拥有肌肉容易发达的遗传特征，而母亲拥有肌肉难以发达的遗传特征，那么，即使生下来的孩子拥有肌肉容易发达的特征，也不能说孩子只是继承了父亲的遗传特征。只能说“容易发达”的特征比“不容易发达”的特征更容易显现。这就是所谓的“显性遗传”的概念。

从这个视角来看，肌肉是否会显性遗传，其实并不清楚。因为这并不是一个很简单的问题。

举一个实例来说吧。在问题18中描述的超级宝贝，他出生时拥有的基因，是由于突然变异造成的，能够使被称为肌肉生长抑制素（请参照问题17）的成长因子完全不能分泌出来。如果不能分泌肌肉生长抑制素，那么肌肉的生长就得不到有效控制，肌肉就会变得异常发达。从这个超级宝贝的情况来看，其父母都曾是顶级运动员。但是，即使父亲拥有完全不分泌肌肉生长抑制素的特征，而母亲却拥有分泌肌肉生长抑制素的特征的话，那么即使在量上会减少一半，肌肉生长抑制素还是会分泌出来。如果是这样，那么与普通人的肌肉量相比并不会有什么差别。

一般情况下，与肌肉发达相关的基因发生突变时，并不会使其作用很强烈地显现出来。只要父母中有一人正常的话，那么会使正常一方的基因以显性的形式表达出来。

那么，肌纤维比例的遗传会是什么样子呢？如果父亲是快肌纤维类型，而母亲是慢肌纤维类型，生出来的孩子会是什么类型呢？关于这个问题，实际上现在也并不清楚。是什么样的基因通过什么样的方式决定肌纤维类型，可以说现在是完全没有弄清的程度。现在知道的只不过是，在孩子身上表现出的特征，是由很多基因相互作用而形成的而已。

肌肉是身体的一部分。因此，其特征一定会遗传。但是，由于遗传方式非常复杂，因此没有“绝对”的东西。只是，就像超级宝贝一样，如果父母都是奥运会级别的顶级运动员，那么孩子的能力也说不定会非常惊人。

20 什么是“运动遗传基因”？

有可能与运动能力相关的基因被称为“运动遗传基因”。

在人类个体差异以及体质相关研究盛行的现在，已经报道的关于有可能与运动能力相关的基因有100个以上。在这里，我们介绍一下目前在其中影响力最大的、被称为“ACTN3”的基因。

ACTN3是制造被称为α－辅肌动蛋白3的蛋白质的基因。目前已明确的是，在人体内有能够制造正常蛋白质的基因型（R型）和根本不能制造蛋白质的变异型（X型）。

如果是变异型，那么快肌纤维本身就不能发挥机能了吗？答案是否定的。α－辅肌动蛋白有1、2、3三种类型。在人类肌肉中，虽然在慢肌纤维中只发现了α－辅肌动蛋白2，但在快肌纤维中却同时发现了2和3两种类型。因此，即使在快肌纤维不能制造出 α－辅肌动蛋白3型，但只要能够制造出 α－辅肌动蛋白2型，就能够作为肌纤维实现其功能。也就是说，仅仅是一个基因不能工作，并不会造成致命的结果。

那么，如果不能制造 α－辅肌动蛋白3，会对肌肉产生什么样的影响呢？对此，其实目前还并不完全清楚。知道的只是“如果ACTN3发生变异就不能制造 α－辅肌动蛋白3”这一结果。

只是，通过对奥运会运动员的调查发现，在短跑以及跳跃等需要瞬间爆发力项目的运动员身上，很少有ACTN3基因发生变异。而在澳大利亚研究小组进行的实验研究报告中，父母均是变异型的运动员人数为零。从这个报告来看，好像可以得出这样一个结论，就是如果运动员的ACTN3发生了变异，可能不适于从事短跑类项目。

与此对照，在耐力性竞技项目的运动员中约有一半是变异型，因此，是正常型或是变异型，好像影响都并不那么大。

从人种来看，非洲系黑人中突变型的比例很少，还不到3%。而包括日本人在内的亚洲人约为30%。欧美人居中，是15%左右。从这些数字来看，虽不能简单地说黑人更适合于短距离竞技项目，但可能可以说，他们中出现优秀运动员的概率更高。

21 运动遗传基因的正常型、变异型是终身不能改变的吗?

答案是“YES”。与生俱来的基因类型是无法改变的，但也没有必要因现在从事的运动项目和自己拥有的运动基因类型不吻合而绝望。

在问题 20 中写道，ATCN3 基因变异少的人在短跑类项目中更有可能发挥好的竞技能力。但据美国某研究组织的研究报告称，被认为不适于短跑类项目的、拥有变异型基因的人与拥有正常型的人相比，在训练时的肌力增长反而更多。

虽然仅仅是预测，但对这一结果还是可以列举出以下几个理由。

首先，是关于实验中的训练质量问题。通过不完整的训练是难以获得强壮肌肉的。但在实验中采用的训练并不是运动员进行的那种非常严格的训练，而是通常所说的不完整的训练。由于这是将没有严格训练经验的人集中起来进行的为期 3 个月左右的实验，所以结果上就会出现这种倾向，就是越没有运动经验的人，训练前后发生的变化就越大。所以说，首先在被测者被募集的阶段，就存在拥有变异型基因的实验对象在运动经验与水平方面相对低下的可能性。

其次，所谓对训练的反应良好，可以认为是对于训练相对“敏感”，也就是说，快肌纤维处于容易接受训练刺激的状态。反过来讲，如果对这样的人进行过于严格的训练，说不定很容易发生过度训练或者肌纤维损伤。相反，不怎么出现训练效果的所谓

“迟钝”的身体，说不定已对训练有了很强的承受能力，也就是说可能已经拥有着很强的身体。

从这个事情来讲，也不能绝对肯定地说，运动基因适合于或不适合于哪一个竞技项目。因此，是不是更应该将它应用于，如“因为你拥有这样的遗传基因，因此如果以这种方式进行训练，可能更有利于挖掘自身的潜力”等建议方面呢？也许，运动员通过进行适合于自身基因的训练，是可以克服可能成为障碍的基因特性的。

在医疗领域，有根据生活习惯病而进行“量身定做医疗”的倾向。在今后的体育领域里，在结合竞技项目进行身体训练的过程中，说不定会出现结合遗传基因特性进行“量身定做训练”的需求。

22 容易出现训练效果的肌肉在哪个部位？

如同前面已经说明的那样，肌纤维大致可以分为收缩速度快的“快肌纤维”和耐力好的“慢肌纤维”两个类型。各部位的肌

肉特性也会因这两个类型肌纤维比例的不同而发生变化。

在两种肌纤维中，因训练而容易粗壮的主要是快肌纤维。对此，已经被关于肌纤维在训练前后有多少变化的研究所证实。还有这样的关于股四头肌的研究报告，就是在训练前，快肌纤维和慢肌纤维的横断面积之比是 1.2：1 左右，而在 3 个月训练后其比例则变为 1.6：1。

但就如问题 12 中说明的那样，在人体任何部位的肌肉中，快肌纤维的比例都不会特别的高。相反，像位于小腿深层的比目鱼肌以及腹肌等，却是慢肌纤维比例高的肌肉，因此可以认为它们是不容易出现训练效果的肌肉。

其他大部分肌肉的快肌纤维和慢肌纤维比例基本上是 50：50。从总体上讲，能用肉眼就可以确认的胸大肌、肱二头肌等大的肌肉，是比较容易出现训练效果的。与拥有一般比例的人相比，慢肌纤维比例天生就占多数的人，想让他们的肌肉变得肥大可能还是比较困难的。

关于男性，在成长期会有受激素影响而容易粗壮的肌肉，如从斜方肌到肩以及上臂的肌肉，而这个区域也是体现男性体型特征的肌肉部位。与此相反，对于女性来说，这里则是很难出现训练效果的部位。

23 加强肌力的适宜年龄是多少岁？

不管是多少岁，只要进行适于其年龄的训练，都可以使肌力得到提高（请参考问题 174）。

如果说“要发挥一生中最大的肌力”，那就有出现最高峰的年龄段。与以前相比，虽然这个年龄段在一点点地向后推迟，但恐怕也就在 25~30 岁之间吧。

如果要在需要肌肉力量以及爆发力的竞技项目中发挥最高的竞技能力，并抱有站在世界舞台上的梦想，那么瞄准 25~30 岁这个年龄有计划地锻炼身体，或许会提高成功的概率。在雅典奥运会上获得链球金牌的日本选手室伏广治等可以说就是很好的例证。

想要让肌肉粗壮，也就是说要拥有外观上漂亮的肌肉，最佳年龄恐怕仍然是 25~30 岁。但是，由于肌肉的形成并不是一朝一夕就能够完成的，因此需要一步步勤奋努力的过程。而若真的想要锻炼全身肌肉，那就不得不再完成各种各样的针对性训练项目。此外，就算是有一定程度的指导，还存在因个体差异而很难发达的肌肉，因此，并不见得一定就能按计划实现目的。也就是说，要“完成”像健美运动员那样的身体，25~30 岁也许是不可

能的。或许，要在身体的每个部位都拥有理想的肌肉，最高峰可能出现在30~35岁。

当然，并不是说过了25~35岁这个年龄段就已经晚了。想要下功夫将肌力和肌肉量提高，或者要将它们维持都是可能的。另外，通过对有利于爆发力发挥的技术的提高，也会使竞技能力得到提高。因此，不应该过多地考虑年龄，而应该根据各自的年龄和需要努力地进行训练。

24 即使年龄大了，肌肉的速度也不下降吗?

虽然说不定会很惊讶，但恐怕这是真的。

随着年龄的增加，任何人的行动都会变得迟钝。这主要是因为肌力下降和神经系统能力降低造成的。对于因年龄增长引起的肌力下降，已经被很多研究证实。举例来说，肌力最容易下降的股四头肌的粗细度在25~30岁达到顶峰后，每年都会减小1%。这就意味着，从30~80岁的50年间，肌肉的粗细度会减少50%，也就是说会减少一半左右。这就像是2条腿变成了1条腿，因此老人在站起来时，口中会发着声响“起立”，这也并非没有道理。

但是，在我们以前进行的实验中，很意外地得出这样一个结果，就是由肌肉发挥的速度并不受年龄增长的影响。通过对1000人以上的高龄者的调查得出的结论是：虽然肌力确实在75岁时下降一半，但在“对肌肉施加的负荷是零”的条件下进行测试，每一个肌纤维的最大速度没有任何改变。

25 随着年龄的增长，肌力下降的原因是什么？

主要是由于肌纤维，特别是快肌纤维的比例在40岁以后开始减少造成的。如果收缩速度快、力量大的快肌纤维开始减少，行动就会相应地变得迟钝。但是，就如问题85中说的那样，并不是肌纤维本身劣化。因此，如果要防止随着年龄增长而出现的运动能力下降，那么最好的方法就是将现在的肌力保持住，并尽可能地防止快肌纤维减少。

对于维持快肌纤维来说，肌力发挥大的运动是最好的。但到了高龄阶段，如果进行很牵强的大负荷运动就很可能会引起伤病，因此需要认真筛选合适的方法。推荐的是慢速训练法（请参考问题85）这样的训练。这种方法既安全，又不需要很重的负荷，而在后半段又不得不使用快肌纤维，所以是非常有效的。还有一种方法是下台阶、下斜坡等离心性运动。这也是负荷轻却能够动用快肌纤维的运动，因此也能轻松有效地防止肌力衰退。

步入中年后，人们就会觉得上下台阶很辛苦，并越来越依赖于电梯。但是，起码在下来时请使用台阶吧。如果在平时用心进行一点点的运动，那么在进入老年期后，就不用再害怕下台阶，也可以防止因轻微的跌倒就出现很大伤病的情况发生。

26 如何才能使肌肉变得柔软？

肌肉的硬度和柔软度是与很多要素相关联的。从微观的角度来看，慢肌纤维具有较硬的特征，而快肌纤维则具有较软的特征。像马拉松运动员等经常使用慢肌纤维的运动员，肌肉和身体相对较硬。相反，短跑运动员的肌肉和身体则相对较软。

毕竟，慢肌纤维并不是以进行动态活动为主的肌肉，它的作用主要是在与重力相反的方向上维持人体的姿势及活动，因此，慢肌纤维如果具有较硬且不易拉长的特性会比其绵软更加有利。而这就是慢肌纤维结构上细胞骨架较多，并使其相对较硬的原因。

但是，有时在短跑运动员中也会出现肌肉较硬的人，而在长距离项目运动员中也会出现肌肉较软的人。这更多的是由于受到了肌肉紧张度影响。就算在一般人中也是如此。对身体僵硬的大部分人来说，他们不仅肌肉紧张度高，而且行动本身会很僵硬。一旦通过拉伸等手段消除肌肉紧张，就会即效性地出现柔软性。

另外，还有可能出现的情况就是肌纤维本身变硬。不合理的训练会使肌肉反复地受到损伤，并造成肌肉中的结缔组织（胶原）的增多。在肌纤维因不合理的训练死亡后，会在这个地方形成新的肌纤维，但为了更早地进行修补，结缔组织会不断增多，而这会使肌肉出现纤维化，并造成肌肉全体僵硬。

在这种情况下，运动后注意对肌肉进行拉伸或按摩还是非常重要的。也就是说在进行训练时，要同步进行促进肌肉更快恢复的工作。如果因无节制地进行剧烈训练而出现的肌肉痛还存在的情况下，又很快反复地进行剧烈运动，就可能会使肌肉产生的胶原越来越多，这一点是应该注意防止的。

27 什么是“肌肉拉伤”，那是什么样的状态？

在肌肉中，有多层具有结缔组织性质的膜（肌膜）。在每一条肌纤维的外面包有一层“肌内膜”，这些肌纤维排列成束，表面又被“肌束膜”包裹。而许多被肌束膜包着的肌束聚集在一起，又被“肌外膜”包裹。由于是被这么多重的膜包裹，所以肌肉不仅具有很强的力学结构，而且还形成了不易被破坏的结构。

即使如此，如果肌肉受到的拉力超过其能够承受的极限，或者非常大的力量集中于某一局部，那么这里的肌膜就有可能被拉断或撕裂。由于肌膜中有大量的血管和神经穿行，因此会同时引

发出血和疼痛。我们将在肌膜上发生损伤的状态，总称为“肌肉拉伤”。与肌肉断裂等损伤相比，肌肉拉伤是相对轻一点的损伤。

容易发生肌肉拉伤的部位主要是下半身。虽然在症状较轻时，说不定还可以在用胶带缠绕几圈后继续运动，但在多数情况下，如果发生了肌肉拉伤，那么再使用这一部位进行训练基本上是不可能的。而且肌膜出血还可能会造成像大象腿一样的肿胀，因此此时需要的还是保持安静和休养。

那么，什么时候会发生肌肉拉伤呢？其实，目前还并不完全清楚。有人认为在进行“离心收缩”（请参考问题43）动作时容易发生肌肉拉伤，但实际情况并非如此。反而，可能更多的是由于对肌肉的使用方法不当引起的。比如，有时就会对肌肉中的某一部分过分使用，而对其他部分却从不使用。而当不均匀、不平衡的力量施加于肌肉时，肌膜就会更容易发生断裂。

至于在寒冷或有疲劳残留时容易发生的肌肉拉伤，可能与肌肉的调节能力下降有关。而为了防止肌肉拉伤，充分考虑营养、疲劳、气温等因素，使肌肉处于良好的状态是非常必要的。

28 “青肿”的机制是什么？

简单地讲，青肿是指由于身体受到物体的猛烈冲撞而引起的毛细血管破裂、皮下出血以及内出血现象。

虽然都是青肿，但可以分为表面火辣辣刺痛的情况和肌肉内侧一跳一跳的情况。火辣辣刺痛的情况是由于皮下出血造成的，而一跳一跳的情况则是由于受到的强烈打击传导到了深部，使肌肉内部发生损伤造成的。这种疼痛从原理来讲与肌肉痛相同。实际上，为了研究肌肉痛，有时还做这样的实验，就是让铁球从高处下落，并“啪”的击中肌肉，之后观察它的恢复过程。

因此，若想让青肿快速恢复，也许像对待肌肉痛时做的那样就可以了。也就是说，若还有疼痛残留，就像对待肌肉痛一样，通过肌肉拉伸促进血液循环是最好的。

在用手或脚接球的篮球和足球运动，以及用脚的同一部位不断踢打的格斗等项目中，很多人会在不断进行的练习过程中逐渐感觉不到疼痛。不仅是在肌肉，凡是会受到强烈力学刺激的地方，都有结缔组织能够发达的特性。比较好理解的例子是疙瘩和茧子。它们是由于皮肤被反复地摩擦，从而使皮肤逐渐增厚产生的。皮肤变厚，或者皮下的结缔组织增多，都是为了在很强的冲击中保护身体而形成的。

除了结缔组织，血管也会为了不容易出血而变得强韧。这是在“加压训练”（请参考问题 87）中也能看到的反应。在施加一定压力时的初始阶段，肌肉只会出现血流停止或者减少，但如果继续进行，血管本身就会逐渐变得强韧，而后即使再施加同样的压力，血流也不会停止。如果皮肤、结缔组织以及血管变厚，就不容易出现皮下出血和内出血，也就形成了所谓的不容易青肿的肌肉。

29 “肩膀酸痛”的机制是什么?

一般来讲，“肩膀酸痛”被认为是由于该处肌肉持续紧张使其血液循环不畅，从而使其处于僵硬状态造成的。在这一点上，虽然与“慢速训练”（请参考问题 85）相似，但紧张度要比慢速训练弱一些，而且是一直持续。这就会使血液循环不畅，并在那里积累代谢产物。慢速训练和加压训练虽然也会使肌肉中的乳酸以及氢离子浓度升高，但训练一旦停止代谢产物就会很快被消除。而“肩膀酸痛”是由于在更长的时间过程中，代谢产物浓度慢慢升高，且积累的代谢产物长期得不到消除，造成肌肉中的感觉神经受到刺激，从而发生持续的、感觉沉重而疲劳的疼痛。因此，对于消除“肩膀酸痛”来说，通过按摩和拉伸等手段促进血液循环、缓解紧张也许是最好的方法。

其实，预防“肩膀酸痛”很简单，就是在进行工作时采取对肩部不造成负担的姿势。头和上肢都是很重的部位。其中，头的

重量差不多与一个保龄球相当，而上肢不仅沉重，而且还在身体两侧下垂。而它们都是由位于颈部的被称为斜方肌的肌肉独自支撑的，因此颈部发生疲劳也是理所当然的事情。如果头向前倾，那么相应地就需要有很大的力量。所以，长时间在办公桌前工作时，少低头，并有意识地让头垂直于颈部，肩部的紧张度就会减少很多。

虽然经常听到“肩膀酸痛”是日本人特有的东西，但可能并非如此。确实，在欧美人中很少有关于“肩膀酸痛”的话题，这可能是由于他们没有像日本人那样采用同一姿势持续工作的习惯。我在英国留学时也看到，英国人在做了一会儿工作后，就会说“到了喝茶时间了”，并从座位上站起来。说不定是因为习惯，使他们获得了不积累疲劳的法术。

从原理来考虑的话，并不能得出欧美人就相对不容易发生“肩膀酸痛”的结论。但从肌肉的角度来看，欧美人从斜方肌到后背的肌肉确实要比亚洲人发达。再加上欧美人的头部与全身骨骼相比要相对较小。因此，欧美人“肩膀酸痛”较少的现象还可能与解剖学及生理学等方面的因素有关。

30 深层肌肉是什么?

一般来说，深层肌肉被定义为“从外侧接触不到的肌肉”。而在训练学领域里所说的深层肌肉，是指处于身体深处、用于维持姿势和稳定关节的肌肉。深层肌肉并不是进行爆发性运动和大范围运动的肌肉，而是为保障关节在正确的位置上运动或为维持站立、坐下等姿势而工作的肌肉。

最初引起人们注意的是被称为肩的外旋肌群的深层肌肉，它是与棒球投手在投球时使用的内旋肌做相反工作的肌肉。在进行肩的内旋动作时，由于胸大肌、背阔肌等上半身大肌群的协同作用，会发挥非常大的力量，但同时也会对肩部造成相应的负荷，而为了防止肩关节脱落，外旋肌群会牢牢地固定住肩关节。如果这些外旋肌群变弱，那么在每次进行投掷时都会使肩的位置发生偏离，并最终导致肩部损伤。为此，投手通过拉弹力带等训练方式，开始了外旋肌群深层肌肉的锻炼。而这是 20 世纪 90 年代初的事情。

此后，骨盆周围的腰大肌、髂肌、竖脊肌（多裂肌）、臀中肌等深层肌群逐渐受到了重视，并出现了通过进一步稳固姿势以及关节位置，获得更好健康状态的潮流。如果深层肌肉能够很好地工作，就会促使安静代谢率提高，从而变成不易发胖的体质，脂肪消除也会变得更加容易。为此，深层肌肉还一度成为了“瘦下来”的关键词，在世间广泛流传。

由于深层肌肉是为修正姿势而一直被使用的肌肉，因此，它是在日常生活中活动时间非常长的肌肉。因为，就算只是一个站着的动作，它也都要被使用。由于深层肌肉是本人很难意识到的肌肉，因此，锻炼起来也比较困难。虽然是一直使用的肌肉，但是如果说“请使用腰大肌”，那么大部分人是不会知道如何去做的。为此，在开始阶段，应该像投手一样，通过进行拉弹力带等特定的动作，使肌肉苏醒过来，之后再进行下一步练习可能更好。

31 “Pump up”和“Burning”是什么？

当进行身体锻炼的人要在别人面前裸露肌肉时，会先做一些俯卧撑等运动，因为这样会使肌肉膨胀起来显得更大，而这就是所谓的“Pump up”。它是被经常使用的词汇。

进行训练会使乳酸、腺嘌呤核苷、ATP的分解产物等各种各样的物质（代谢产物）留在肌肉里，并引起肌纤维周围溶液浓度的升高，进而使维持肌肉工作变得非常困难。这时，血液里的血浆会流向肌肉，进行用其水分来降低肌肉周围溶液浓度的工作。而这会使肌肉发生水肿。在训练后，能感觉到的10分钟左右的肿胀，就是指这种状态。这就是“Pump up”的形成机制。

随着毛细血管的打开，会使大量的血液汇集到肌肉，而这也是形成“Pump up”的机制之一。运动后，虽然血液的回流并不会有多少延迟，但由于起初流出的水分有较大的惯性，因此在运动后的一段时间内，肌肉会处于绷紧的状态。

另外，进行剧烈的训练会产生大量的代谢产物，并能够刺激肌肉内的神经。肌肉内有着大量的、能够对损伤、感染做出敏感反应的、被称为“伤害感受器”的神经。对肌肉进行敲打产生的疼痛感以及运动后发生的肌肉痛，都是因为有了这个神经的缘故。

这些神经中，既有能够感觉乳酸的神经，也有对压迫和热度产生反应的神经，还有对薄荷味以及作为辣味成分的辣椒素等物质产生反应的神经。当这些神经“哗”地一起激活时，会发生肌肉中像燃烧一样的感觉。而这俗称为“Burning”。

32 “Bulk up”是什么？

由于Bulk是“量”的意思，因此简单地说，Bulk up就是增加肌肉量的意思。这是在健美界已经被固定的用语。

在竞争肌肉完成度的健美比赛中，审查要素大致可分为三个方面，即："bulk"，也就是肌肉量；"轮廓清晰度"，也就是皮下脂肪是不是少、肌肉是否漂亮；"匀称度"，也就是肌肉长得是否匀称。在这三个要素中，最基本的就是肌肉量。对于李小龙来说，相对于肌肉量，他在肌肉轮廓方面更加出色。但在健美比赛中，是要求在肌肉量的基础上拥有良好的锐度，而且还要匀称才可能获得好的名次。

运动员在想要增加肌肉量时，应该充分考虑竞技项目的特点。虽说随着肌肉量的增加肌力会得到提高是绝对的事情，但同时会使体重以及四肢的重量也相应地增加。虽然这在投掷等直接需要肌肉爆发力的项目中没有多大的问题，但在如短跑等项目中，如果因腿部肌肉量的增加而使摆动速度减慢，反而有可能会对成绩产生负面影响。所以，并不是说简单地只要增加肌肉量就可以了。特别是如果下肢和上肢的末端变重，就会因"转动惯量"（物体在轴的周围转动时惯性大小的量度）变大而

成为问题。

如果不看重这一点的话，对于任何运动项目来说，增加肌肉量都是非常基本的提高竞技能力的要素。只不过，到底基本到什么程度也会因运动员水平的不同而有所差异。因此，有必要首先了解这个运动员目前存在的最大问题是什么。在进行综合判断的基础上，如果认为肯定是肌力和爆发力不足，那么就应该将增加肌肉量作为第一要素来考虑。如在赛后间歇期设计集中增加肌肉量的阶段，并认认真真地将肌肉练粗，之后，再进行肌肉运动能力的锻炼等。像这样，有计划地进行训练是非常重要的。

33 情绪与肌力增长有关联吗？

我想很可能是有关联的。

情绪是非常重要的。是抱有强烈的动机进行训练，还是因不够紧张而在本应该再做一次的地方放弃？如果从长远来看，这种

差异会对训练效果产生非常大的影响。

在我做健美运动员时，也曾有过因工作和研究而非常疲惫却又不得不训练的时候。在这种情况下，由于转换情绪是最重要的，因此随着训练时间的接近，我就会为了使情绪高扬而作各种各样的努力。在无论如何也无法使兴奋度提高时，甚至还曾食用过咖啡因。但这并不是什么值得夸耀的事情。食用作为试剂的纯咖啡因有可能造成死亡事故，还有可能在之后起反作用，并造成更大的精神疲劳。因此，咖啡因并不是可以胡乱使用的东西。

不管怎么说，对于“如果情绪高涨就会有好的训练”这种观点，也不过是经验之谈而已。

如果精神上兴奋就会激活交感神经，并促使肾上腺素分泌更多，而这个肾上腺素具有促进合成代谢（肌肉增强作用）的效果。也就是说，如果肾上腺素大量地分泌，就会使肌肉更强更粗。虽然关于它的机制还没有100%弄清楚，但是已经确认的是，肾上腺素能够抑制肌肉的分解。

由于止咳的药物具有与肾上腺素同样的作用，也就是合成代谢的作用，所以，如果运动员使用止咳药物就不能通过兴奋剂检查。

34 骨的粗细会对肌肉增长的难易度产生影响吗？

首先最好还是应该记住，骨的粗细并不能直接代表骨的强弱。

比如，有研究报告认为黑人骨密度较高。虽然他们的骨头绝对谈不上很粗，但却好像非常坚硬。如果在细而坚硬的材料上安上肌肉，那就可以形成结构紧密且高质量的上肢和下肢。有人认为，这可能就是黑人短跑运动员具有高超竞技能力的原因。因此，骨骼粗就容易长肌肉或肌力大等观点是不能一概而论的。

但是，骨骼、肌肉以及脂肪这三样物质的起源是非常接近的。由于它们原本就是由同一细胞群形成的，因而它们之间的关系就像亲戚一样。正因如此，关于通过运动骨头是如何变化和成长的，而肌肉又是如何成长和粗壮的等方面，会有非常多的共同点。不知为什么骨骼结实的人中肌肉发达的人就更多，说不定可能就是因为这个原因。

实际上，将从肌肉上取下的细胞在试管中培育，有时会形成骨头。还有被称为“进行性骨化性肌炎”的疾病，它是随着成长，肌肉逐渐变为骨头的疑难病症，其发病率为1/2000000，而这种疾病在漫画“Blackjack”中也好像有过描述。由此可见，可

以认为骨头和肌肉的发达具有很高的相关性。

曾有关于骨密度和肌力这二者的相关性的调查研究。以20~60岁年龄层为研究对象的调查结果显示，肌力强的人，其骨密度也高。从这个结果也可以看出，只有肌力变强而骨骼却不能强壮这样的、扭曲的身体变化会很少出现。因此可以这样认为，在肌肉和骨骼开始强壮的青春期，越是骨骼结实的人，肌肉也就越容易增长。

顺便说一下，在健美界，在细的骨骼上长有大量肌肉的人会获得更好的评价。这一定是他们要比骨骼粗壮的人更有层次感的缘故吧。因此，如果从身体美观的角度，在细而结实的骨骼上长丰富的肌肉可能是最理想的。

35 有能够自主控制的肌肉和不能自主控制的肌肉吗?

回答是“YES”。在肌肉的分类方法上，也是以能否自主控制为依据，大致分为两类。

心肌、内脏的平滑肌等是不能通过自己的意识动员的，它们被称为“不随意肌”。其他的肌肉则被称为“随意肌”。简单地讲，就是自己想让它停就能够停下来的是随意肌，而想让它停却无法让它停下来的是不随意肌。此外，对于呼吸非常必要的横膈膜、与横膈膜连动着的一部分腹肌以及肋骨之间的肋间肌等肌肉，虽然平时我们并不能意识到是在主动使用它们，但当受到“请有节奏的呼吸”这种神经信号时，它们会进行周期性的运动(随意运动)，因此，这些肌肉也属于随意肌。

在随意肌中，既有容易动员的肌肉，也有不易动员的肌肉。处于身体表面的、能够用自己的眼睛确认的肌肉很容易动员。这是因为我们从婴儿时期就开始了“如果动用这里的肌肉，手足就相应运动”这样的探索，并在长期体验中已经获得了动用这些肌肉的要领。如，婴儿所做的将手握住和张开这种动作，也是为了更顺利地动员肌肉而进行的确认性工作。相反，无法确认的肌肉就很难进行动员，其中具有代表性的就是脸部肌肉。如果从小就看着镜子进行多次的练习，那么动用起来也许会比普通人容易，但是，并没有多少人会这样做。偶尔会遇到能让耳朵动起来的人，但这并不是因为他有着什么独特的生理结构，而是因为他可能在别人不知道的时候进行过这种练习。

可以说，在身体内部的深层肌肉也是不易动员的。由于腰大肌、髂肌、骨盆底肌等肌肉是无法从外面看到的，所以想要试着用力看一下也是很困难的。只不过，在深层肌肉中的部分肌肉，即使自己没有那种意识，它们也会随着伸展腿部或伸展背部的动作自然地进行工作。因此，可能没有必要勉强地进行只动用深层肌肉的锻炼，而是只要在基本的动作中找到相应的途径就可以了。

如果能流畅地动员不易动员的肌肉，是不是会使竞技能力进一步提高呢？虽说有这种想法的人可能很多，但是在运动中进行的动作基本上都不是有意识地进行的，而且，如果有意识的话反而会造成动作更慢吧。因此，更重要的是，是否能在任何时候都无意识地快速做出动作。为此，不要将意识放在某一特定的肌肉，而是将重点放在怎样使必要的动作融入身体，并在脑部制造特定的模型，或者如何将肌肉综合地、协调地使用方面。

36 体质与肌力训练效果相关吗?

我想基本上是没有关系的。体质以及体型不仅受肌肉、体脂肪等表面性因素的影响，而且还受内脏的消化吸收能力等大量的其他因素的影响。因此，说哪一种体质或体型的人更容易出现训练效果，并不能一概而论。但的确存在着这种个体差异，有人无论怎么运动还是发胖，而有人从懂事开始就肌肉发达。

那么，把问题换成身高、体重是否与肌肉力量训练效果相关的说法吧。虽然平时并不怎么运动，但身高和体重的比例却正好，这样的人可以说是“拥有训练效果容易显现的体质”吧。以身高 175 厘米的人为例，如果体重是 90 公斤左右，那么他可能具有容易发胖的某些因素。相反，如果体重只是 50 公斤左右，那么他瘦的时候总是比较多。而如果体重是 70 公斤左右，不知什么原因，他的肌肉就会很多。我想也就是这种程度的关联性吧。但如果问到这种现象是由什么决定的，就很难回答，只能说在印象上就是如此吧。

实际上，对于脂肪堆积的难易度来说，由于有很多基因与其关联，因此它可能并不是由某一个基因决定的，而是由各种各样的作用像鸡尾酒一样混杂在一起，并最终以复合作用的形式来决定的。因此，想胖却胖不起来，或者即使进行了肌肉力量训练却仍然很瘦等，也许都有着很复杂的原因吧。也就是说，如果想要获得训练效果，那么将用自己的身高、体重推导出的体质也考虑在内，做方方面面的努力可能更好。

37 请介绍关于肌腱的工作机理

肌腱是将肌肉和骨骼连结在一起的组织，它最重要的作用就是将肌肉发出的力量直接传递给骨骼。因此，肌腱一般具有像绳子一样不易伸缩的特点。

但是，在较长的肌腱中，也有能够伸缩的肌腱。其中，最具有代表性的是跟腱。它可以利用容易伸缩的特性，发挥着像中松博士发明的“Flying Shoes”（译者注：在鞋的底部附有弹性装

置的鞋）一样的作用。在跑或走时，跟腱通过伸张和收缩的形式，高效地利用着弹性能量。

袋鼠在奔跑时采用的是蹦蹦跳跳的形式。它们非常擅长将又粗又长的跟腱像弹簧一样利用于弹跳。因此能量的利用效率非常高，在奔跑时消耗的能量要远远低于人类。

由于肌腱的收缩速度比肌肉的收缩速度快，所以人类在做快速运动时也会很好地利用肌腱的收缩速度。比如，在弹脑瓜崩时，将手指扣住，在积攒力量后一气弹出，就会出现很大的速度和威力。其实，由于前臂的肌腱也是很长，所以弹脑瓜崩时肌腱就像拉长的弓一样，通过被拉长后回缩时的速度释放能量。

在下肢也发生着类似的事情。如，先蹲下后再迅速跳起，或者像行进间跳高一样，利用奔跑时产生的速度，在不减速的情况下迅速起跳等，都是同样的原理，就是通过制动将能量利用于反方向的动作上。虽然相对于使用肌力产生的爆发力，肌腱并没有那么大的效果，但通过肌腱的合理使用提高竞技能力还是完全有可能的。

38 日本人容易变得强壮的肌肉是什么？

关于肌肉本身的人种差异的学术研究并不多见。在目前状态下，还只能通过经验进行判断，或者从外观进行判断。

但是，在肌肉量方面还是多少有一些研究报告的。从亚洲人和白人的 LBM（去脂体重）比较结果来看，亚洲人要低 5 公斤左右。因此，从肌肉量来说，亚洲人确实要少一些。

那么，在哪一个部位有较大的差异呢？从健美以及其他项目运动员来看，欧美人及黑人与亚洲人相比，有着背部肌肉更多的倾向。而这可能就是欧美人在“拉”的力量方面更强的依据。本来亚洲人在臂长上就有差距，再加上肌力方面的不足，就不难理解为什么亚洲人在划船比赛方面不能大显身手了。

可以说，相比后背的肌肉，日本人在胸大肌等方面是更容易发达的。如果通过举重等比赛来比试肌肉力量，那么日本人在卧推方面要占绝对的优势。卧推是主要使用胸大肌和肱三头肌等肌肉的项目。虽然不知道是否有人种的差异，但可以说这些部位是日本人容易发挥肌肉力量的地方。

日本人在肌肉量上有明显优势的部位是小腿后群肌。日本人的比目鱼肌又长又大。从而造成的结果就是，小腿后群肌的形状看起来非常宽大的人很多。而这与那些小腿后群肌短而跟腱很长的黑人短跑运动员形成了鲜明的对比。

由于日本人的小腿后群肌结实而粗壮，因此可能不适于要求快速摆腿或更高跳跃的项目。但若从肌肉量和肌力的角度来看，日本人的小腿后群肌是可以在世上夸耀的部位。

［附］塑身年表 1

公元前 2500	在埃及开始进行肌肉力量训练
公元前 1829 左右	在爱尔兰举行投掷重物比赛
公元前 1122~256	周国（中国）军人采用的测验中使用重物进行肌力测定
公元前 540~520	奥林匹亚的摔跤王麦洛·克罗顿利用牛来对肌力进行锻炼
公元前 510~480	希腊人开发出四天周期（轻、重、休、技术）的训练体系 在希腊举行背负“halters”（哑铃的原型）跳跃的比赛
1804	德国的顾兹姆斯在“青少年的体育”中对哑铃进行了介绍
19 世纪 70 年代	乔治·G.温希普在波士顿建立的“Winship 体育馆”作为训练发源地获得人气
19 世纪 80 年代	可调节重量和能旋转的杠铃登场
1891	在法国诞生体育文化组织 在德国诞生统括举重和摔跤的组织 在伦敦举行第 1 次举重锦标赛
1893 或 1894	路易斯·阿蒂拉在纽约开办体育文化工作室 第 1 次近代奥运会在希腊的雅典举行 举行不分体重级别的单手举重和双手举重比赛
1897	近代力量训练之父尤金·山道书写“Strength and how obtain it（力量及增加方法）” B.摩尔布鲁高用实验证明对狗进行训练会使其肌肉肥大
1898	嘉纳治五郎开始在“国士”第 1 卷连载哑铃训练，同时进行学习会
20 世纪	德国的赫尔曼·加纳与象进行摔跤等 职业健美运动开始受到人们的关注 桑达发明铁哑铃操，并开始在世界普及 德国的约瑟夫·普拉提为第一次世界大战中在英国负伤士兵的康复训练设计普拉提
1900	嘉纳治五郎出版“桑多体力养成法（造士会）”
1902	美国的阿兰·卡尔巴特设立“麦洛杠铃公司”
1905	威廉·鲁倡导动作性肥大的理论
1917	威廉·鲁的学生兰格奠定超负荷理论原则

1920	第 7 届现代奥运会在比利时的安特卫普举行 国际举重联盟设定次轻量级、轻量级、中量级、轻重量级和重量级 5 个体重级别
1921	A.V.希尔因能量代谢获诺贝尔奖。初次进行赛跑运动员的生理学研究
1927	哈佛疲劳研究室成立（1947 年关闭）
1928	第 9 届现代奥运会在荷兰的阿姆斯特丹举行 举行了抓举、挺举、推举比赛，并持续到德国慕尼黑奥运会 另外，旋转式杠铃在这一年第一次登场
1929	在日本开始进行广播体操 E.里德曼在“Muscle Building（肌肉塑造）”中否定消极训练效果

第2章

肌肉力量训练的常识与错误观念

39 如何练成像健美运动员那样理想的身体？

基于比赛的性质，健美运动员会锻炼出像由刻刀雕出来一样的身体。而为了尽可能让每一个肌肉的形状浮现在表面，需要在将肌肉练粗的基础上，彻底地减掉皮下脂肪。

但这并不是说要为此而进行多么特别的事情。他们的基本训练内容也是杠铃卧推、杠铃深蹲、杠铃硬拉等内容，这与一般人的训练并没有太大的区别。所以，无论是谁，只要进行肌肉锻炼并减掉脂肪，都可以变成与健美运动员相近的身体。

如果是参加比赛的话，那么全身肌肉均衡度也会成为评价对象，因而有必要进行“身体局部练习”，也就是需要进行以消除弱点为目的的调整局部肌肉的训练。

肌肉的均衡性存在着各种各样的个体差异。如，有的人虽然胸部发达但上肢纤细，而有的人则下半身或上半身纤细等。其

中，还有小腿肌肉生来就很粗壮或很纤细的人。对于小腿纤细的人来说，即使拼命地去锻炼，想要变粗也是非常困难的。曾有一段时间，阿诺德·施瓦辛格的小腿较弱，而为了克服它，据说他在每天早上都用300~500公斤的负荷进行负重提踵练习。由于黑人运动员也有小腿纤细的倾向，因此他们中有很多人好像也为此而苦恼。

另外，由于腹肌的先天性差异很大，因此对于天生腹肌很薄的人来说，想让腹肌变厚也是非常困难的。但每个人都有着自己与生俱来的特点。试想一下，如果没有各自特点的话，大家都将是一样的身体，而那样的话会多么没有意思。其实，无论什么人，只要钻研和努力，就可以克服自身的弱点，并达到一定的健美水平。

有一个叫登坂勉的日本人，他从45岁左右开始进行健美练习，并在69岁时参加关东锦标赛一般级别比赛，而且还获得了冠军，而一般级别比赛是20岁年龄段也参加的比赛级别。因此，只要不断地努力，那么这样的事情都是有可能发生的。

40 对肌肉肥大最适宜的负荷是多少？

要想引起肌肉的肥大，就必须让肌肉发出很大的力量。也就是说，需要有相应的很大的负荷。

作为衡量重量的尺度，有被称为“RM”（最大重复次数）的东西。举例来说，“1RM”就是只能举起1次的最大重量。而随着2RM、3RM……这样前面数字的增加，负荷会逐渐变轻。

与此对比，“80%1RM”是指只能举起 1 次重量的 80%。如果是只能举起 1 次 100 公斤重量的人，那么 80 公斤就是他的 80%1RM，而 80%1RM 大概与 8RM 相当。

负荷并不是越大越好。如果是 90%1RM（1~3RM）这样的高强度训练，反而不容易引起肌肉肥大。这并不是说什么也不会发生，只是会出现肌肉围度不发生变化而肌力得到加强，也就是很容易引起神经系统方面能力的提高。

为了使肌肉变粗，在大负荷的基础上，训练量是非常重要的。因此，如果能够增加举起的次数，延长肌肉发力的总时间（肌力发挥时间）效果会更好。正因如此，由于 90%1RM 以上的负荷无法实现多次重复，所以对于肌肉肥大来说就不太适合。也就是说，若以肌肉肥大为目的，80%1RM（8~10RM）是最好的。

对于 80%1RM 的重量来说，有人会感觉太重，也有人会感觉有些不足。因此，应该在 70%1RM（≈15RM）~85%1RM（≈6RM）负荷范围内，根据不同的训练水平和身体状态灵活运用。

若是负荷低于 65%1RM（≈20RM），通过一般性的训练是很难引起肌肉肥大的。这也已经被实验所证实。因此，如果以肌肉肥大为目的，那么请将 70%1RM 设为最低负荷。

41 为了让①肌肉量②最大肌力③肌肉耐力④肌肉爆发力分别得到提高，应该如何训练？

①与字义一样，是指肌肉的量。②是指以现有的肌肉能够发出的最大的肌力。③是指肌肉能够长时间持续发挥力量的能力。④就是指所谓的肌肉的功率。

为了使①增加，用80%1RM为中心进行训练（请参考问题40）是最好的。由于肌肉量的增加，也会引起肌力的同比例增长，因此②也会有一定程度的提高。其中，①始终是重点，而如果肌肉肥大10%，那么肌力基本上也会增长10%。

②被重视，可能是在分体重级别的比赛项目和增大肌肉围度对成绩产生负面作用的情况。这时，采用90%1RM的负荷会更好。因为这样会出现肌肉增粗5%，而肌力增加15%的效果。当然，这自然会有其上限。如果达到了当前肌肉量能发出的最大肌力，即使再进行多少训练也不会增加。之后除了将肌肉练粗之外就没有其他办法了。

③是肌肉的耐力，它会因负荷重量的不同而发生很大的变化。在80%1RM的重量时，并不会出现太大的个体差异，大部分人举起的次数都是8~10次。但是，如果换成40%1RM左右，那就会出现既有能举起30次的人，也有能举起50次的人。而负荷越轻，重复次数的差异就会越大。如，在20%~25%1RM的负荷时，有人甚至能够重复完成几百次。所以，重量和次数的设定，应根据目的而改变。也有认为用20%~25%1RM的负荷重复500次效果很好的人吧。但无论

是什么样的重量，将进行到不能再重复为止的训练反复地进行是最基本的。

④是通过“力×速度”导出的能量发挥速度。代表发动机性能的单位中有扭矩（回转轴的周围的力矩）。巴士和卡车的扭矩虽然很大，但由于无法快速转动，因此并没有太大的功率。而赛车的发动机既有扭矩又有速度，因此功率也很大。肌肉爆发力也是同样的原理。当动作中需要的是速度时，不是去提高肌力，而是去提高爆发力可能更好。

肌肉爆发力在40%~50%1RM时发挥得最大。因此，在以提高肌肉爆发力为唯一目的时，应使用这样的负荷进行用最快的速度举起的训练。如果这样的话，至少会使在测试层面的肌肉爆发力得到提高。但是由于这仅仅是测定上的，是否能够提高实际的运动竞技能力还是不能断定的。

42 以肌肉肥大为目的的训练计划的最低限是多少？

很显然，这会因年龄、性别、日常生活中活动度等的不同而有所差异，但还是从一般情况的角度进行说明吧。

美国运动医学会明确了一个“规范”训练计划。这个计划是通过大量的训练实验得出的，是判断训练大概需要多少负荷和量的数值。

首先，负荷强度最少需要1RM（只能举起1次的重量）的65%。确实，在我们进行的研究结果也显示，即使用50%1RM的负荷进行了普通的训练，肌肉也没有变粗。因此，对于强度来说，65%1RM 可以认为是世界标准。

但是，如果要真正地使肌肉肥大，那就要在发出相对较大力量的同时，还要满足是集中在多短的期间内使用能量的条件（代谢性要素）。比如说，要进行使用 65%1RM 的负荷进行多组的、举到不能再举起为止的重复性训练，或者到接近于这个状态的重复性训练。将这种练习进行 3 组以上是大体上的标准。已经被大量研究所证实的是，采用这种方法进行训练确实能够使肌肉变得强壮。

那么，一周要进行多少次这样的训练呢？这也已经有了规范值。这个值被认为是一周 2 次。只是，如果是采用 65%1RM 进行 3 组，那么在强度方面说不定就可能低了些，因此如果不改变负荷，那么一周 3 次可能会更好。也许有人认为自己可以更加努力，每周要进行 4 次 5 次的训练，但这种想法是错误的。这只会使效果下降，而不会出现提高。因此认为，对于同一肌肉的训练，一周最多能进行 3 次就可以了。

也有人想增加组数，这是可以的。请把 3 组看成是最低限度吧。在我们的研究室，对进行 2 组训练和 3 组训练的效果差异进行了研究，虽然只不过是 1 组的差异，但结果却有很大的变化。因此，首先最低也要进行 3 组可能更好。

对于只进行 3 组感觉还不够的人，请根据想要锻炼的部位改变训练组数看看吧。特别是对胸部、大腿等部位的大肌肉来说，建议增加训练组数。比如，若要真的想让胸大肌变大，就需要进行 5、6 组练习；股四头肌则最少需要 8 组。由于仅仅以深蹲的形式练习 8 组会很难受，因此将几种练习组合在一起完成 8~10 组效果可能会更好。

43 什么是“向心收缩（Concentric）”“离心收缩（Eccentric）”？

Concentric是“短缩性动作”或“向心收缩”，是指肌肉在发力的同时缩短的动作。而Eccentric被称为“伸张性动作”或“离心收缩”，是指肌肉在发力的同时被拉长的动作。

将杠铃举起的是向心收缩，制动着缓慢放下的是离心收缩。用更容易理解的话说，就是让肌肉作为发动机工作的是向心收缩，让肌肉作为制动器工作的是离心收缩。

在负重训练中，最基本的原则就是向心收缩时速度要快，而离心收缩时速度要慢。这是因为，训练效果是由肌纤维的使用量决定的。如果使用大量的肌纤维，速度就会变快，而如果将负荷集中在少量肌纤维上，速度就会变慢。

也就是说，在快速地将负荷抬起时，是肌肉全体在充分发挥力量。因此，以不使用反作用力且流畅地举起为前提条件，尽可能加快速度会更好。当然，如果是80%1RM（请参考问题40）左右的负荷，虽说是快速地举起，但速度也是有限的。

将负荷放下时，放慢速度并不会使用大量的肌纤维。但下降速度快会造成接近于完全放松的状态，形成与自由落体一样的加速运动，并降低训练效果。而为了防止在下降过程中速度变快，一直保持同样的速度是非常重要的。为此，一定要很好地对下降速度进行制动。因为只要保持同样的速度就可以，所以放下动作也没有必要过慢地进行。

在用70%~80%1RM的负荷时，应该是用大约1秒的时间抬起，用3秒的时间放下的节奏。在进行训练时，以此为一个基准就可以吧。

44 通过“离心收缩”训练能够获得什么样的效果?

从容易理解的角度来讲，通过离心收缩可以期待两个效果。首先，是在训练中优先使用快肌纤维的效果。对比支配快肌纤维和慢肌纤维的运动神经，支配快肌纤维的神经元细胞体大，且支配的肌纤维的数量多。即有着“尺寸大”的特征。因此，快肌纤维也更容易肥大。

在训练中逐渐加大力量时，首先会优先使用尺寸小的慢肌纤维，直到发出大力量的阶段，才开始动员尺寸大的快肌纤维。这被称为“尺寸原理”。但有报告指出，在进行离心收缩时，会更多地使用快肌纤维。也就是说，在离心收缩训练时，会忽视尺寸原理而优先动员快肌纤维。由于是先使用容易肥大的快肌纤维，因此也就有可能获得相应的训练效果。

在我们的研究室中，也曾有过将被测者分为只进行向心收缩训练组和只进行离心收缩训练组进行训练的实验。在各种条件都一致的情况下进行的 3 个月训练的结果来看，离心收缩训练组不仅肌力得到加强，而且肌肉本身也变得更粗。

接下来的第二个效果，实际上是离心收缩训练更容易引起肌肉疼痛。在实验中也了解到进行伸张性训练的人更容易发生强烈的肌肉痛。这表明，这种训练会很容易造成肌肉的微损伤，并激活相应的修复过程。当受到对肌肉更具有破坏性的强烈刺激时，肌肉会变得更粗。而这种状态，在离心收缩中是更容易发生的。

离心收缩的缺点是，它更容易造成过度训练。如果在小的损伤没有痊愈的情况下还进行训练，就会造成肌肉疲劳，有时甚至不能获得训练效果。虽然这样，但如果能够很好地将其融入到训练中，肌肉肥大效果也会非常明显。因此，注意的应该是不要进行过度的训练。

45 从胸部、背部、大腿等大肌肉开始练习更好吗?

是这样的。理由有三个。

第一是训练时间。虽说这会因人而异，但一般都是 1~2 小时吧。因为越是往后疲劳就会积累得更多，训练效果也会逐渐下降。因此，在体力充沛的阶段，优先进行训练价值高的大肌肉锻炼就成为了一个原则。

第二个理由是，无论是日常的动作还是体育运动中的动作，发力的起点一定是躯干的大肌肉。即，作为根源的肌肉将大的力量发出，并将其传达到末端。因此，即使从力的这种因果关系上考虑，重要的肌肉也是靠近身体中心的大的肌肉。

第三，若说肌力训练的基本项目，有卧推、深蹲等动作。这些练习被称为结构性练习，与屈臂等练习不同，它们是将多个肌

肉连动起来使用的练习项目。如，在进行卧推练习时，主要使用的肌肉是躯干侧的胸大肌。它的使用比例为60%~70%。剩下的30%~40%则由肩以及肱三头肌等肌肉完成。这是理想的形式。

但是，如果从肱三头肌等小的肌肉开始练习，就会出现虽然胸部肌肉还有余力，但由于上肢疲劳而无法完成卧推动作，最终造成最重要的大肌肉无法得到充分的训练。

基于这些理由，从身体中心的大的肌肉开始，向外按顺序排列进行训练，成为了基本的训练方法。

46 对大肌肉进行锻炼，会使末端肌肉也容易变粗吗？

对于多数训练项目来说，在对胸、背、大腿等大肌肉进行锻炼时，自然会使末端的肌肉同时得到锻炼。比如在深蹲练习中，虽然主动肌是大腿肌肉，但只有力传达到脚尖时才能刚好完成动作。因此，只要是使用自由重量扎实地进行了训练，那就可以认为同时进行了末端肌肉的训练。从这个意义上来说，对提问的回答是“YES”。

但也有几乎不使用末端肌肉的，而只是锻炼大肌肉的训练。比如说使用组合器械的训练。在臀部伸展训练中，只要能够使用臀大肌，那么即使不使用末端的肌肉也能够完成动作。同样，在蝴蝶机训练中，也是因为只需将肩内旋就可以，所以不使用臂力而仅仅使用胸大肌。而如果只进行以大的肌肉为目的的组合器械训练，那就有可能会使末端肌肉得不到强化。这对于我们的身体来说肯定不是好事。

本来，所谓的运动是由躯干附近的大肌肉发出的力传达到末端肌肉才刚好形成的。末端的肌肉在承受很大力量的同时，进行着将能量传达到手指和脚趾的重要工作。所以对末端肌肉也必须进行很好的强化。因此，不应该只进行针对单个肌肉的组合器械练习，还应该融入末端肌肉能够自然得到锻炼的训练。

关于强化大肌肉对末端小肌肉产生的影响，还有生理学方面的理由。那就是“效果的转移”。以“加压训练”（请参考问题88）为例来试着说明吧。在进行腿部的加压训练后，如果用非常轻的负荷进行上肢的训练，那么会出现上肢肌肉变得又强又粗的现象。腿部的训练效果也影响到了上肢。即，发生了从腿部到上肢的效果转移。

即使从这个角度考虑，可以说，只要扎实地进行胸、背、大腿等部位的训练，末端肌肉的训练效果也会容易出现。反过来讲，如果想要集中训练末端肌肉的话，那么应该首先从大肌肉开始进行训练，之后，再进行少量的末端训练项目，而这样将更容易出现效果。可以认为，将“大的肌肉→小的肌肉”这个顺序时时记在大脑里进行训练是很好的方式。

47 如何才能在维持体重的同时让肌肉增长？

明确地说是不可能的。因为肌肉确实很重。

以健美运动员为例，如果左右上肢围度各增加 1 厘米，那么从估算来讲，体重就会增加 2.5 公斤。而肌肉如果增加，体重基本上就会变大。在顶级运动员中，也常常会因体重远比看起来重得多而惊讶。比如说，日本巨人队运动员高桥由伸的身高是 180 厘米而体重为 87~88 公斤。大联盟运动员松井秀喜的身高是 188 厘米而体重却高达 104 公斤。若是在下半身有那样结实的肌肉，这也许是当然的事情。因而，如果目标是成为顶尖运动员，那么抓紧时间行动，使体重比看起来更重，绝不是什么坏事。

虽说如此，对于目标为有体重限制项目的人，以及对数字很在乎的女性来说，体重的增加有可能确实是个大问题。在这种情况下，除了减掉脂肪是没有其他办法的。如果把因肌肉量而增加的重量通过减掉脂肪来解决的话，就能够抑制体重的增加。但这

也会有它的困难之处。由于脂肪的密度要比肌肉的密度小，所以要减掉同样的重量，从体积来说，如果不更多地减掉脂肪，体重还是会增加。

如果目的不是“肌肉”而是提高“肌力”的话，那么还是有办法的。比如说，用“1RM”（只能举起1次的最大重量）的90%以上的负荷进行每组4次左右的练习，而间歇时间采用较长时间的方式，如果能够持续这样训练的话，在肌肉量不怎么增加的前提下提高肌力还是可能的。这是举重运动员采用的训练方法，其训练要点是，负荷要重，次数要少，间歇时间要充分。

只是，这毕竟是将现有的肌肉能力100%发挥出来的训练。因此，如果想要拥有这以上的肌力，那么就不得不接受体重增加这一无法避免的事实。

48 仅靠肌肉力量训练能使赘肉减少吗?

答案是“YES”。但如果希望获得巨大的效果，答案是“NO”。

由于肌肉力量训练是让肌肉高强度工作的运动，所以一定会激活肾上腺素和生长素等激素的分泌。现在已经明确的是，如果很好地促进这种分泌，体脂肪的分解会从训练结束后约1小时开始显著增加，并在之后还持续很长的时间。在我们的实验中，约是6个小时的持续时间，而美国的某一研究室得出的结果好像更是达到了48小时的持续时间。

此外，有报告称，肌肉力量训练在促进脂肪分解的同时，还会引起代谢升高，使安静时的能量消耗量在稍高的状态下持续48小时。所以，从理论上讲，在肌肉力量训练后1小时左右脂肪开始减少，且这种状态持续2天左右，是有可能发生的。

虽然如此，但绝不是体脂肪本身会连续不断地减少（请参考问题157）。不管怎么说，这只是肌肉力量训练后安静时的代谢，能量消耗量本身是非常少的。如果以维持与过去一样的饮食习惯和能量摄取为前提条件，偶尔予以肌肉力量训练这种刺激，那么在半年到1年的时间里可能会出现减掉1公斤左右体脂肪的效果。

如果想要真的减掉赘肉，那么除了要进行肌肉力量训练外，还要注意饮食习惯和能量摄取。另外，在结束肌肉力量训练1~2小时之后，进行类似于去购物这种程度的轻负荷运动也是有效的。肌肉力量训练虽然会造成脂肪分解，但如果不把它作为能量燃烧掉就没有什么意义。在肌肉力量训练的基础上，只要稍稍再下一点工夫，即使不是特别有意识地进行有氧运动，在一年内减掉5~6公斤脂肪也是可能的。

49 杠铃和哑铃哪个更好？

由于哑铃与杠铃相比动作限制更少，因而可以在任何轨迹都可以举起。在训练的时候，如果要沿着自己决定的轨迹运动，就不得不要求自己不晃动地垂直举起。这就意味着举起哑铃需要更多的细小肌肉的力量。也就是说，它会有提高稳定性（请参考问题 92）的效果。

而正因为不得不使用细小的肌肉，所以会导致可提起重量的减小。即使是在杠铃卧推时能够推起 100 公斤杠铃的人，若让他每只手拿着 50 公斤的哑铃进行卧推是绝对不可能的。两手合起来最多也就是 2/3 的重量。也就是说每只手提起的重量变成了 1/3 左右。用杠铃能够卧推 90 公斤的人如果用哑铃卧推，那么单手最多只能推起 30 公斤的重量。这就是杠铃和哑铃的一个区别。

还有，由于哑铃上没有杠杆这个障碍物，因而与使用杠铃卧推相比，可以下到更低的位置，从而使关节的可动域显著地扩

大。相应地，肌肉也会在更大范围内运动，因此从练习的角度来讲，可以认为哑铃卧推要比杠铃卧推更好。

只是，哑铃卧推的难点在于很难弄清具体的训练效果。即使是同样重的哑铃，会因为只是上推轨迹的微小差异或者是可动域的减小，使表现发生非常大的变化。所以，不仅在训练记录上会很容易出现偏差，而且很难抓住明确的指标。而这对于保持训练动机来说，是非常难受的一点。卧推提高了 5 公斤，可以推起 100 公斤重量了，这些数据都会促进训练动机。但在哑铃练习中，即使说推举的哑铃重量比以前多了 2.5 公斤，却可能出现由于握铃方式等的改变而不能举起的情况。因此，如果从长远考虑，以使用杠铃为主，使用哑铃为辅可能会更好。

50 仅靠自重训练可以达到健美运动员那样的身体吗?

仅仅通过持续进行俯卧撑、引体向上、无杠铃深蹲等使用自重（自身重量）的训练，也会形成相应的体型。但若要形成像健美运动员那样隆起的肌肉是很困难的。而想要通过自重训练参加健美比赛则几乎是不可能的。

在以肌肉肥大为目的时，无论如何都需要一定程度以上的负荷。比如，若是为了使胸大肌变大而通过俯卧撑进行练习的话，那么在能够完成 30 次以上之后，就无法指望肌肉的进一步肥大。虽然增加次数还会使肌肉耐力得到提高，但如果到了像 50~60 次这样的次数，那么以当前的训练让围度增加是不可能的。

但是，也有只通过自重训练让肌肉再增加一点的方法。方法之一就是慢速训练（请参考问题 85）。如果普通的俯卧撑能做 30 次以上，那么就试着改为慢速训练吧。这样的话，又变成了只能完成 10 次左右的状况，那么再次从这里开始以 30 次为目标进行训练积累。但如果又达到了能完成 30 次、40 次、50 次时，那就不会进一步地使肌肉肥大。如果还想获得这以上的肌肉量，那么只有使用自由重量或组合器械这样的器具。

决定肌肉变大的决定性因素是负荷。也就是说，想要不使用器具而使肌肉变大是有限度的。如果以卧推 150 公斤为目的的话，就需要使用相应的负荷进行训练，而至少这是通过自重训练无法实现的。因此，应该考虑将自重训练的目标定为 30 次，而最终还是要转到器具训练上来。对于不能完成 30 次的人，因为随着次数的增加会使肌肉变大，因此可以暂时还按照原来的方法进行训练。

51 对孩子的自重训练是必要的吗?

如果方法正确，自重训练方法不仅能使肌肉变大，而且还会成为有效的肌力训练。只是，若要通过训练让肌肉变得粗壮，基本上应该在过了青春期之后进行。小学生即使进行肌力训练，肌肉也不会很发达。在对孩子训练时，首要目标应该放在防止受伤的肌肉锻炼上。如果以此为目的，那么自重训练应该是非常有效的。

如果说儿童运动，浮想起来的应该是跳绳、跳箱等运动吧。但是，乍一看起来没有多少外界负荷的跳绳和跳箱，其实在跳跃的一瞬间也会需要发出非常大的肌肉力量，而如果肌肉力量不十分发达，就会有因对肌肉和骨造成过大压力而受伤的危险。其实，最近孩子们因为跳绳而发生骨折的事例好像也在增多。

现在在室内玩游戏机以及电脑等的孩子不断增多，而为了能使孩子们能够很好地完成儿童运动以及身体动作，基础性的身体锻炼已经成为非常重要的事情。

这时，就轮到自重训练出场了。比如说深蹲吧，与跳绳和跳箱相比，虽说怎么看都更像训练而会觉得很累，但实际上由于它是很平稳的肌力发挥方式，所以反而不会出现瞬间性地发出大力量的情况。此外，它还能锻炼到腹肌以及背肌等躯干肌肉，而这对于建立身体核心是非常有效的。在肌力较弱时，进行膝盖着地的俯卧撑以及斜向引体向上可能就足够了。如果通过这种基本的运动，在很好地将肌肉变成可用状态后，再加入像跳绳这样的运动，就可以同时防止受伤了。

对处于因激素的分泌而开始出现男女性区别的所谓的青春期以及身高迅速增长的成长期的孩子，反复进行跳跃等剧烈运动并不是应该推荐的。已有定论认为，如果瞬间性地对骨施加过大的负荷，被称为成长软骨的地方会被压碎，从而使骨的成长受到妨碍。更好的方法应该是，在通过自重训练使肌肉的工作能力很好地得到强化的同时，慢慢地进行像能够促进肌力发挥的活动，这样就可能会使内分泌系统被强烈地激活，刺激身体变得更大或者身高变得更高。

如果想要通过让肌肉发出温和力量的方式来达到提高肌肉基本能力的目的，或是促进对成长必要的激素分泌，那么，可以说孩子的自重训练是非常有效的。

52 组合器械训练和自由重量训练的效果不同吗?

组合器械训练的优点是易操作性（不需要技术）和安全性。除了这两点就没有了。因为只是调节椅子高度，坐下，推（或拉）眼前的把手这种程度，因此，即使没有指导者进行使用方法指导，只要读一下简单的说明书就能很快做到。另外，由于动作是由轨道等引导的，因此不会出现错误的动作，也就没有必要担心受伤。

而自由重量则有危险性和动作难度。由于动作不会受到引导，因而可以以任何形式进行上举和下放动作。而若是用错误的姿势进行训练的话，就会有很高的受伤风险。因此，对正确的姿势、杠铃运行轨迹等需要很好地进行学习。要达到熟练程度可能需要 1~2 年。

与此对应，自由重量也有以下的优点。由于只要有一根杠铃就可以进行几十种训练，因此在空间使用效率和经济性方面要好

于组合器械。而最为重要的是，在训练效果这一点上，自由重量训练要比组合器械训练大得多。

对于自由重量来说，无论是上举还是下放，都要承受同样的负荷。但是，器械训练会由于有齿轮和轨道等的关系，无论如何都会发生摩擦，因而即使是非常好的组合器械，在下放时，负荷也会下降到85%左右。为了弥补它，在使用器械进行下放动作时，需要有意识地让肌肉努力工作。

因为组合器械训练安全性高而使得心理压力很小，因而相对于自由重量训练，可以将组间间歇压缩得更小。器械训练可以以30秒至1分钟的间歇时间接二连三地进行。另外，还有无间歇而逐渐下降负荷的训练方法（负荷减少训练法）。举例来说，在无法举起100公斤的时候，将负荷降到80公斤。当不能举起80公斤时，再将负荷降到60公斤。由于组合器械训练只要插入插针就可以改变负荷，因此这种方法用组合器械更容易做到。就像这样，只要肯下工夫，即使使用器械训练也是能够提高训练质量的。

53 组合器械训练的注意点是什么？

随着肌肉力量训练的普及，训练用的组合器械也通过专研和改良，得到了进一步的发展。但是，随着发展而来的问题也进一步表面化。

即使使用组合器械进行与自由重量训练相似的动作，还是会出现使用肌肉种类减少的倾向。由于组合器械的轨道会引导动作的轨迹，因而就会造成只要某一特定肌肉工作就能够完成动作，而且根本没有必要考虑如何将多少重量按什么样的轨迹举起。曾有一段时期，还有认为像这样让特定的肌肉工作的器械训练很好的潮流。

举例来说，让膝盖伸展的组合器械，只要使用股四头肌就可以了。但是，如果从肌肉的工作来考虑，那么这是承受很大负担的动作。在实际的膝盖伸展运动中，股四头肌对侧的大腿后侧肌肉也会同时发力，从而使膝盖得到固定。如果只有股四头肌“哗”地用力将膝盖伸直，那就会有膝盖突然向外脱落的危险。

由于这个原因，最近还有呼吁不将躯干固定在板凳上进行组合器械训练的倾向。也就是说要同时锻炼有稳定躯干部位以及关节作用的小肌肉，要做与真实动作更接近的动作。但这不是通过自由重量训练就可以简单完成的吗?

如果是要锻炼某一特定肌肉，当然是组合器械训练更有效。只是，如果仅仅依赖于组合器械的话，深层肌肉就不会变强，甚至可能会成为受伤的根源。要充分理解看起来好像非常合理的器

械训练其实也有缺陷这一事实，是非常重要的。在此基础上，在使用器械训练时充分考虑深层肌肉，或者与自由重量以及针对动作稳定性的肌肉力量训练组合起来的话，就可以更有效地、更安全地使肌力得到提高。

54 让胸大肌、大腿肌变肥大的基本训练方法是什么?

胸大肌和股四头肌被认为是最标准的肌肉。甚至可以认为，基本的训练处方都是充分考虑着这两处而制定的。也就是说，为了使肌肉肥大，要像问题 40 中说明的那样，使用以 80%1RM 为中心的负荷，反复地进行到不能再完成为止。

不过，由于二者都是非常大的肌肉，所以用 3 组这样的基本组数会显得少了一些。如果进行 6 组左右的话会出现更显著的效果。第 1 组作为热身运动可以以稍轻的负荷进行也没有关系。还有，最后的第 6 组也可以作为整理活动采用稍轻的负荷。

在此基础上加上作为重点的组数，合起来总共进行 6 组来考虑就可以了。

将卧推或深蹲进行 6 组会是非常辛苦的训练。对于觉得持续这样做很难受的人，也可以采用在中途改变项目，总共进行 6~8 组的训练方法。如果是胸大肌练习，可在卧推之后进行蝴蝶机练习。如果是股四头肌练习，可在深蹲练习后进行腿部伸展练习。如果要进行更大负荷的练习，那还可以将深蹲和前弓箭步练习结合起来。但从基本来讲，最好还是一个练习项目进行自由重量的训练，而另外一个练习项目进行使用组合器械的训练。

为了使肌肉肥大，还有一个非常重要的因素就是组间的休息时间。如果是肌力完全恢复后再挑战下一组这样的练习节奏，训练效果就会减小。理想的是，最好将间歇时间设为 1 分钟左右。这样会使训练后的生长素分泌量大幅度增加，从而使长期的训练效果出现显著的差异。在深蹲练习中，1 分钟的间歇会非常辛苦，因此在起始阶段可以采用稍长的间歇时间。只要将目标定为 1 分钟，逐渐压缩间歇时间进行练习就可以了。

55 如何使胸大肌的上下、内外得到均衡的锻炼？

胸大肌是面积大而显眼的肌肉，因此也是要尽可能进行均衡锻炼的地方。

首先要说说上下的位置关系。由于肌纤维是从胸骨到肩部的横的走向，因而可以依据运动的不同而分为上和下来使用。从解剖学上讲，由于肌腱在胸大肌的中央附近呈横的走向，因此可以此腱为界分为上部和下部。又因为不同部位使用次数的不同，肌肉的发达程度可能也会出现差异。

在相对于体轴的垂直方向进行的像平板卧推那样的负重上举练习，以及在俯卧撑等动作中，会更多地使用胸大肌的中部和下部肌肉。与此相反，像斜板卧推那样，在相对于体轴的上方进行推举练习时，会更多地使用胸大肌的上部肌肉。

如果在进行卧推练习时，采用"背弓"这样的姿势，向体轴的稍下方进行推举的话，很多时候会造成只有胸大肌下方发达的情况。这种类型的人，最好是将斜板卧推也加入训练中去。如果上部隆起，从衣服外看也会显得胸部凸起，因此多进行斜板卧推，可能会出现给人留下的印象是整个胸部都健壮的效果。

接下来是关于内侧与外侧。这确实是相当难的问题。如果说胸大肌是由各个肌纤维从一端到另一端连接而成的，那么就不应该发生只使用胸大肌的内侧或者外侧的情况。但是，却经常能听到如果做类似于蝴蝶机练习的运动，就会使内侧肌肉容易发达这样的话。还有人认为，如果在卧推时两手间的握距变窄就会使内侧发达，变宽则会使外侧发达。虽说都没有依据，但说不定胸大肌中既有从一端到另一端是由一根肌纤维连接的，也有到了中途就结束的。如果是这样，只锻炼内侧或外侧并不是不可思议的事情。还有，即使是一根非常大的肌纤维，作为肌纤维根源的"肌肉卫星细胞"好像也不是均一分布的，因此有可能存在容易变粗的地方和不容易变粗的地方。

如果是基于以上观点设计计划，那么就应该在进行杠铃卧推练习后，再进行哑铃斜板卧推练习，之后再做蝴蝶机练习。如果进行了这么多的项目，我想不会出现胸大肌发达不均衡的情况。

在此基础上，如果还要锻炼外侧肌肉（虽然只不过是经验性的)，那么就要采用更宽的握距进行卧推练习，或者使用哑铃的飞鸟练习也是推荐的。在下放哑铃时，还可以成为胸大肌的拉伸练习。相反，想要增加内侧肌肉的话，在蝴蝶机上进行练习可能会更好。

56 通过深蹲练习复合性地得到锻炼的肌肉有哪些?

深蹲练习作为一个简单的肌力训练方式，虽然可能谁都经历过一次，但在下蹲、起立动作中使用的肌肉要出乎想象地多。

在标准深蹲练习中的主动肌虽然是股四头肌，但由于髋关节也会同时伸展，因此，作为髋关节伸肌的臀大肌和大腿后群肌也会被使用。只不过，会因下蹲时膝盖位置的变化，被动员的肌肉也会有所不同。比如，进行膝盖完全不动，而只有臀部向后突出的深蹲练习时，几乎不会使用膝盖的伸展，而主要通过髋关节的伸展来完成动作。相反，将膝盖完全向前弯曲进行深蹲练习时，膝盖位置和身体重心的距离会变远。如果实际做一下看看的话可能很快明白，这种深蹲练习会最大程度地使用膝盖的伸展。而如果加上杠铃，恐怕会对其形成负担，容易造成膝盖疼痛。

就像这样，身体重心与膝关节以及髋关节位置的距离远近，会使股四头肌和臀大肌的使用比例发生变化。因此，在进行深蹲练习时，要在充分理解这些特性的基础上决定膝盖的位置，这样会更安全地锻炼到想要锻炼的肌肉。

在膝盖位置相同的情况下，如果深蹲练习的种类不同，那么使用的肌肉种类也会是各种各样。在进行负重深蹲练习时，如果躯干很软的话会很不稳定，这时，即使要努力伸展膝盖，动作也会崩溃。因此，竖脊肌会在这时活跃。另外，如果负荷很大，那就需要通过压缩腹腔来提高压力，所以还会使用腹部肌群。而且，为了使腿部的肌肉得到伸展，还要使用小腿后部的肌肉，而为了固定头部，还要使用斜方肌。

除此之外，在进行像将手向前伸出这样的自重深蹲练习时，上肢的重量也会给背肌造成相应的负担。就像相扑的四股那样，以脚间距很宽的姿态进行下蹲动作时，虽然会大量使用股四头肌和内旋肌，但相应地不会使用多少臀大肌和大腿后群肌……等等，深蹲练习的变种是无限的。因此，要充分理解各自的优点和缺点，如果能将两种左右的动作组合起来进行训练的话，可能是非常理想的。

就像上面所说的那样，深蹲练习是非常接近于全身运动的动作，因而将其称为“训练之王”并不为过。深蹲练习看起来虽然很简单，但实际上它是动用大量肌肉的非常辛苦的项目，而正因为如此，也可以说它是最重要的项目。

57 如何高效率地锻炼腹肌?

腹肌是被分为几层的。存在于表面，并通过锻炼形成凹凸形状的是腹直肌。在它下面依次是腹外斜肌和腹内斜肌，再往下的第 4 层是腹横肌。

腹横肌的走向就像腰带一样，它位于腹部的正侧面，并覆盖整个腹部。腹横肌是表层腹肌群中最深层的肌肉，它的里侧为内脏，内脏里侧则是腰大肌等深层腹肌。

腹横肌对维持腹部姿态起着非常重要的作用。如果腹横肌变得松弛，肚子就会向前凸起。如果腹横肌很好地工作，就能防止腹部向前凸起和内脏下垂，并像在腹部缠绕束腰带一样将腹部缩紧。

既然要锻炼腹肌，那么不要仅仅锻炼腹直肌，若能同时锻炼腹横肌可能更好。实际上，有观点认为如果能够很好地锻炼腹横肌，那么腹肌的锻炼效果会增加 3 倍。也就是说，虽然采用了同

样的锻炼次数却可以更高效地锻炼腹肌。

那么应该采用什么样的训练方法呢？答案很简单，就是在进行腹肌训练时，将腹部的紧张度进一步提高就可以了。也就是说，在仰卧起坐中将头抬起时，或在仰卧举腿时将腿抬起时，强有力地将气呼出即可。如果在卷曲身体时有意识地进行呼吸，那么就能在使用腹直肌的同时，也很好地使用腹横肌。若将这种锻炼持续几个月，那么相比只进行普通的腹肌练习，在训练效果上会出现很大的差异。

虽然一般的训练也是如此，但对于腹肌练习来说呼吸显得异常重要。因此，在平时训练中，经常有意识地进行更深、更强地呼气吧。

58 如何形成漂亮的腹斜肌?

其实，对于人类来说，腹肌最重要的作用是使腹部变硬。在进行站立、行走、跑步等日常动作时，腹肌通过使腹部变硬的方式，对躯干起到稳定和保护的作用。在躯干卷曲这样的屈曲腹部的运动中，位于最上方的腹直肌会因收缩而变硬。但是，由于位于侧面的腹内斜肌和腹外斜肌若也同时变硬，将会使腹部无法顺利屈曲，因此就形成了腹斜肌此时不怎么活动的结构。

为了能够锻炼不易活动的腹斜肌，就有必要通过某种方法刺激其活动，而这种方法就是“扭和拧”。腹斜肌就如字面描述的那样，是在身体中斜向穿行的，因此将其特性发挥出来就可以得到很好的效果。而最好的方法就是在进行仰卧起坐时，组合进扭转动作。

在锻炼腹斜肌方面，还有很重要的一点就是“呼吸”。就像在问题 57 描述的那样，强有力的深呼气会使位于腹肌群最深处的腹横肌活动起来。换句话说，就是通过呼吸会使腹部从内侧开始变硬。而这会变成在仰卧起坐和腹部卷曲等动作时的超强负荷。当然，训练效果也会因此而大幅度上升。对于经常说到的“对于腹肌呼吸是非常重要的”这句话，如果了解了这个机制就很容易接受了。

总而言之，要想形成非常漂亮的腹斜肌，就要有意识地进行呼吸，并在用力呼气的同时，在上抬身体的动作中加入扭转动作。这可能是锻炼腹斜肌最好的方法吧。

59 有效收紧腰围和肚子的练习方法是什么？

关键是深层腹肌，特别是其中的腰大肌最为关键。在想要减掉皮下脂肪之前，应首先充分锻炼腰大肌。而有人仅凭做到这一点，就将腰围缩小了 10 厘米以上。为什么会有这种效果呢？

为了确保胃肠拥有自由活动的空间，肚子的内部基本上是空洞。而这个空洞形状的变化，以及骨盆、腰椎形态的坍塌，都会使内脏下垂，并使腹部向外突出。同时，也是由于有剩余空间，所以让腰围变细也变得相对简单。深呼吸或者吃大量的食物，就会使腰带绷紧。而与此相反，用力收腹，肚子就会向内凹陷，因此，如果将这种向内凹陷的状态无意识地维持下去，我们就可以达到目的。

如果有意识地进行腰大肌的训练，那么也将同时使用其周边

的竖脊肌、臀大肌、臀中肌等核心肌肉。其结果，前倾或后倾的骨盆会竖直起来，并回到本来应该所在的位置。

如果骨盆的姿态变好，内脏的位置也就会被矫正。随着内脏位置的改变，便秘、寒症、浮肿等症状会逐渐消失，下半身的代谢本身也会随之改善。血液循环和代谢的改善，会使能量更容易消耗，脂肪含量更容易下降。在达到这种程度之后，再通过腹部所有肌肉都参与的训练，或者有氧运动来燃烧脂肪。接着，如果再一步步进行训练的话会获得非常大的效果。而若只是一味地进行有氧运动，腹部周围的脂肪并不容易减掉。

那么，腰大肌应该怎样锻炼才好呢？在爬楼梯时跳过一级台阶往上走是最好的方法。但这种方法太累，女性有可能无法完成。如果是这样，那还可以通过改变走路的形式来实现这一目标。方法是利利落落地大步走，就像大腿正被向前拉着一样。如果是在家里锻炼的话，那么就以抬起大腿与地面平行的方式进行原地踏步。最初从 50 次开始，并将 300 次左右作为目标。就算只做这些，腰大肌也会得到非常多的锻炼，并会出现腹部收紧的效果。

60 像腹肌和背肌这样的拮抗肌同时训练更好吗?

肌肉在体内一定会以成对的形式存在。这被称为拮抗肌。其实，每一个肌肉所谓的运动，都只是收缩，由自己来拉长是不可能的。如果在地面上，还可以通过重力作用使收缩的肌肉拉长，但到了水中这是不可能的。一旦收缩，就只会保持这种状态。为了应对这种情况，就需要在它对面存在拉长它的肌肉。因此，如果拮抗肌不平衡的话运动就会发生困难。

在拮抗肌中最有名的例子是大腿前侧（股四头肌 = 膝关节的伸肌）和后侧（大腿后群肌 = 膝关节的屈肌）的肌力平衡。对于一般人来说，伸肌会比屈肌强 2 倍左右。即使这样，并不会对生活产生影响。但对于一些一流运动员来说并非如此。在短跑或跳跃性项目的比赛中，股四头肌和大腿后群肌会同时收缩。大腿后群肌是在承受股四头肌很大力量的同时，完成着将髋关节迅速伸展的工作。因此，一流运动员的大腿后群肌的肌力会达到股四头肌肌力数值的 60%~70%。如果大腿后群肌较弱，那么就有可能会发生肌肉拉伤的问题。

在一般情况下，如果只是拮抗肌的一侧强大，就会对关节其部位产生过大的负荷。实际上，如果拮抗肌的平衡受到破坏，就很容易引发损伤以及关节的慢性障碍。因此，最好是对上肢的二头肌和三头肌、腹肌和背肌等拮抗肌进行同等程度的锻炼。但这并不是说一定要在同一个时间段进行练习，在第二天进行拮抗肌练习也是没有问题的。

在电视购物等宣传中，虽然经常出现锻炼腹肌的器材，但不会说“请同时锻炼背肌吧”。因此，为了身体考虑，在进行腹肌训练后，还应该进行同等程度的背肌练习。

61 如何才能使前面和后面的肌肉得到协调发展?

如果比较前面和后面的肌肉，后面的整体肌肉量会更多，因此，若从平衡的角度考虑，如果觉得背部肌力训练项目多了一些，这种程度可能是正好的。

从人类的身体构造来讲，若没有后背肌肉就会成为四肢着地的状态。在婴儿时期，谁都是爬行的。随着成长若要能够直立，那么就要有为了维持直立姿势总是从后面对其进行拉拽的力量，而起这个拉拽作用的就是人体背面的肌肉。如果这里变弱就会回到爬行的状态。随着年龄增长发生驼背的原因之一，也是由于背面的肌肉无法完全将身体拉直。

那么，以抗衰老为目的进行肌力训练时，只进行背面的训练就可以了吗？虽然重视背面确实很重要，但仅限于此是不行的。为了维持身体姿势，在锻炼背面肌肉的基础上，还要锻炼前面的腹肌、腰大肌等腹部肌群。如果对两侧都进行均衡锻炼的话，就不会发生随着年龄增长而出现背部弯曲的现象。

对“背部弯曲”的现象再稍微说明一下吧。在背部肌肉变弱，且前面弯曲的力量持续工作的状态下，若再加上脊椎骨的骨质疏松，脊椎骨就会被一点点地破坏掉。不久之后，脊柱本身就会发生弯曲的变形并固定。如果这样的话，就已经无法用肌肉力量恢复了。

因此，在 55 岁左右时，就应该好好地锻炼背部肌群和腹部肌群。之后，在日常生活中，要持续地、有意识地避免背部弯曲。就算只做这些，在到了高龄时，可能也能够维持背肌充分伸直的状态。

与此相对，当年轻人因运动不足以及散漫的生活而使肌肉变弱时，不会出现前面和后面不平衡变弱的现象，而是两面都会同时变弱。而出现更多的，是在训练时过度集中在前面而破坏全身平衡的情况。因此，年轻人在要开始积极地进行肌肉锻炼时，应该更多地考虑平衡的问题。

前面和后面的训练比例是 4∶6 左右也是可以的。因为不同的兴趣而改变比例虽然也没有问题，但有意识地多进行背部练习可能会更好。

62 引体向上训练和在器械上进行的划船练习，效果不同吗？

引体向上和在器械上进行的划船练习的主动肌是背阔肌。由于背阔肌是像扇子一样展开的大的肌肉，所以，会因为动作上微小的差异而使用不同的部位。比如说，主要使用背阔肌上部的训练或者使用下方侧面部位的训练等，会因项目的种类和动作的不同而出现差异。

引体向上的动作是与将负荷从上面向下拉的所谓的下拉类训练动作相同的。这样的动作会更多地使用背阔肌上部。同时也会使用位于肩胛骨上层的细小肌肉，使肩胛骨发生内旋。

而在器械上进行的划船练习是缩紧着肋部的同时后拉肘部的动作，因此会更多地使用背阔肌的中部和下部。也就是说，虽然都是使用背阔肌，引体向上和在器械上进行的划船练习的锻炼重

点会发生微妙的变化。这就意味着，如果想要均衡地锻炼背阔肌，并使其变大，那么必须将二者组合起来进行练习。如果想只通过其中的一项就使后背全体得到锻炼，那么这种想法肯定是错误的。

另外，划船类动作的训练，还会使用斜方肌下部的肌肉以及行走在后背中央的竖脊肌。若要使后背肌肉变大，那么仅靠背阔肌训练将很难顺利达到目的。况且相比锻炼成一片片向外侧展开的后背，锻炼成有厚度的后背更有必要。也就是说，划船类动作的训练要好于下拉式的训练。因此，如果想要使后背变得又大又厚，而且从上到下形成结实的肌肉，那么，没有划船类动作的训练是绝对不行的。

63 如何才能使后背的全部肌肉得到均衡的锻炼？

首先，应该总是抱有这方面的意识吧。虽说后背是上半身中肌肉量很多的部位，但不知为什么，注重前面肌肉的人反而更多。这一定是由于只要照镜子就可以一目了然地得到确认的原因吧。做着许多胸和肩的练习项目，但对后背却只是做做拉力器的下拉练习或者引体向上而已，这样的人要比想象的多很多。

由于后背的肌肉较大，因而若不进行更多项目的练习就很难使其增长。其中特别重要的是身体的核心，也就是在中央位置的竖脊肌。虽然因其处于背阔肌的内侧，使很多人并没有意识到它，但它却是非常大的肌肉。而如果不将这里练好，就不能使其周围的肌肉很好地增长。

对于强化竖脊肌，推荐的方法是杠铃硬拉。虽然杠铃硬拉的主动肌是臀大肌，但为了牢固地支撑上体，竖脊肌和背阔肌也会工作。在杠铃硬拉之后，为了锻炼从中心部位稍微横向展开的部分，请进行划船类项目的练习吧，如俯身杠铃提拉以及俯身哑铃提拉等项目。

结束动作是拉力器的下拉练习以及引体向上，这可以使背阔肌最外侧的轮廓增大。如果按这个顺序组合持续进行练习的话，就能使后背得到全面性的强化。而觉得上部较弱时，就要通过多进行下拉类的练习来解决。总的来说，对背部也应该与胸等部位一样经常性地进行检查，并认真完成以强化弱处为重点的训练计划，这样，效果自然就会出现。

64 如何才能使肩部的肌肉显眼？

谈到肩部的训练，也许为此烦恼的人会很多。这是因为，肩部肌肉不仅个体差异大，而且还需要耐心地进行锻炼。

肩部肌肉不仅在卧推中与其他肌肉一起被共同使用，而且在划船训练以及下拉训练等拉的训练中，肩的后侧肌肉也会被使用。也许是由于肩部肌肉在上半身动作中总是被使用的缘故，它对训练刺激有着非常大的适应性。相应地，通过不充分的训练也就很难对它产生训练效果。

最为基本的肩部训练是肩部上举练习。除此之外，还可以进行使用哑铃或器械的侧举练习。但是，即使努力地进行这些练习，也很难达到看上去就很大的那种程度。但又没有其他办法，因而还是不得不勤勤恳恳地继续练习下去。

另外，这样的训练虽然非常多地使用肩的前部和中部，但几乎不使用后部。划船练习虽然会使用后部，但毕竟是以背阔肌为主，而且有时还会因姿势的不同出现对肩不产生影响的情况。因此，若真是为肩考虑，那么在进行划船类练习时，应尽可能扩大肩的可动域，并将结束动作进行到最后的位置。

此外，如果是为了锻炼肩的后侧，进行身体前倾状态哑铃侧举以及上拉绳索类的训练（俯身后拉练习）也是有效的。

首先通过推举类的练习项目实实在在地施加负荷，之后用侧举练习好好地使用中部，最后再用俯身侧举练习锻炼后部。像这样对肩的每一个部位进行练习会更好吧。与其他部位相比，肩部训练是更需要通过训练量来进行消化的。

65 如何才能使上肢粗壮？

由于肱二头肌、肱三头肌也是具有代表性的肌肉，所以，可以认为对它们的训练是与胸大肌以及股四头肌是一样的。只不过由于它们的围度要比胸大肌和股四头肌小一些，因此，需要的训练组数也可以相对少一些。

对于肱二头肌来说，一次训练中只要进行 3 组就会出现充分的训练效果。如，进行 3 组 80%1RM（请参考问题 40）负荷的杠铃弯举或哑铃弯举，每周进行 2 次。以此为基准进行就可以了。肱二头肌和肱三头肌的组数虽然相同，但对肱二头肌的练习稍微多做一些可能更好。这是因为，肱三头肌还会在卧推以及肩部上举等练习中被动用。相反，做很多下拉训练以及划船练习等项目的人，说不定可以少做一点肱二头肌的训练。

若说上肢全体，好像有很多人因为前臂不容易变粗而烦恼。这是当然的事情。对于前臂以及小腿后部等部位的特殊的肌肉来说，标准的训练原则是并不适用的。而有些人还由于受到的遗传性影响太大，即使进行多少训练也很难使其变粗。这并不是说这些肌肉变粗是不可能的，而是说如果坚持锻炼虽然会获得相应的训练效果，但若要通过类似于 80%1RM 的、8~10 次的所谓的基本训练方式恐怕很难实现。

前臂肌肉是耐力非常强的肌肉，而且，在其内部还集结着很多细的肌肉。若想充分地使用这样的肌肉进行锻炼，那就必须进行相当多次数的训练。若使用弯举类的动作，那么可以 30~40RM 为基准进行练习。虽然需要重复次数，但不一定要做很多组数。只要能够将 1 组练习踏踏实实地做好就足够了。

66 如何才能使肱二头肌和肱三头肌得到均衡发展?

形成所谓“肌肉隆起”的肌肉是肱二头肌，肌肉隆起对侧的肌肉是肱三头肌。

对于一般人来说，本来对二者进行了均衡的锻炼，但可能会觉得肱三头肌往往更容易出现效果。的确，由于肱三头肌会在卧推等推压类的许多练习项目中经常被使用，因此从结果来说，即使没有有意识地进行练习，很多时候还是要比肱二头肌进行了更多的训练。另外，虽然这两个肌肉表面上好像相似，但实际上在功能和构造方面是完全不同的。因而，为了使它们得到均衡的锻炼，首先有必要对它们各自的特点进行了解。

肱二头肌被称为“梭形肌”或“平行肌”，其肌纤维的排列与肌肉的长轴平行，而看上去更具有所谓肌肉的形状。梭形肌的特点是能够很好地进行拉长和收缩，因此擅于进行类似于将身体快速折叠的动作。而相应地，梭形肌的肌纤维的数量就较少。这可以解释为为了进行伸张和收缩的工作而牺牲了肌力。

与此相对，肱三头肌被称为“羽状肌”，肌纤维像鸟的羽毛一样是斜向的排列。与平行走向的梭形肌相比，羽状肌并不能像梭形肌那样伸张和收缩。但是，在体积相同的情况下，羽状肌的肌纤维数量更多，因此，如果是一样的体积，那么羽状肌的肌力将会更大。请回想一下大家美美地吃蟹爪时的情景，蟹爪很短却紧紧地塞满了肌肉吧，这就是典型的羽状肌。由于肌纤维很多，所以夹的力量也很大。也就是说，肱三头肌是为拥有更大的力量而牺牲了伸缩功能的构造。而根据以上内容，应该进行符合各自特点的训练。

比如，对于伸缩性优秀的肱二头肌，就适合使用哑铃等物体，在更大可动域范围进行整个过程都发力的训练。同样是屈臂练习，如果能有意识地扩大可动域进行拉绳索等练习，那么即使只进行 1 个练习项目也可能是足够的。

而对于肱三头肌来说，很好地增加力量是重点。由于肩的角度的不同会使肌肉承受的负荷发生微妙的变化，因而与肱二头肌不同，若能将几种动作组合起来进行练习效果会更好。就像将肘抬起的状态作为一个训练项目，将肘放在中间位置的状态作为另一个训练项目，而将肘放下的状态再作为一个项目一样。

肱二头肌的注意点是可动域，而肱三头肌的注意点是肩的位置。像这样根据肌肉的特性进行训练，对于提高效果可能是非常重要的。

67 如何形成漂亮的臀部？

对于形成漂亮的臀部，最重要的是让臀部上翘吧。无论男性还是女性，相比臀肉的下垂，还是向上明显地翘起更好。

为此，首先有必要对臀部的肌肉，也就是对臀大肌进行锻炼。无论什么人，在臀部都会附有皮下脂肪，因此，如果臀大肌失去了张力，臀肉就会下垂下来。

说到充分使用臀大肌的动作，可以列举出杠铃硬拉、前弓箭步等练习。虽然深蹲练习也是可以的，但由于在它动作姿势上微小的差异，就会出现充分使用臀大肌的类型和与此并不相同的类型，因此，对于仅注意臀部问题的人来说，还是选择杠铃硬拉和前弓箭步练习更好。

但仅仅进行臀大肌的锻炼还是不够的。臀肉的状态，有些地方还依赖于骨盆的方向和从骨盆伸出的大腿骨的方向，特别是对于女性来说更是如此。如果从侧面观察到的骨盆是稳固直立的状态，那么附于它后侧的臀大肌的位置也会相应地提高。而骨盆若是后垂，那么臀部也会跟着下垂。

对于骨盆直立起重要作用的是作为深层肌肉的腰大肌。如果腰大肌对脊椎向前拽拉，就会使骨盆直立。因此，在对臀大肌本身进行锻炼的同时，一定要进行深层腹肌群的训练。而能够满足这种条件的就是将腿上抬的仰卧举腿类的运动。比如，仰卧着将腿抬起，可能会被认为这是腹肌训练，与臀部并没有什么关系，但事实并非如此。即使通过这种方式只锻炼了腰大肌，也会使骨盆的方向发生改变，并可以获得臀部上翘的实感。

黑人短跑运动员都有着惊人的臀部。而从人种来看，黑人腰大肌的发达程度也是惊人的。即使是日本人，如果能够同时锻炼腰大肌和臀大肌，那么他（她）们的臀部也多少会接近于这种臀部。

68 颈部肌肉很难锻炼吗?

没有这样的事情。相反，可以说颈部肌肉不仅对刺激的反应强烈，且是容易出现训练效果的部位。由于它是一般不怎么锻炼的肌肉，所以只要稍微进行锻炼，就会眼看着粗壮起来。如果看美国橄榄球运动员，你会觉得他们的颈部肌肉都像是要超出脸部一样粗壮。其实，仅仅作为练习后的强化练习进行颈部锻炼，也会达到那种程度。颈部就是如此容易发生变化的肌肉。

在摔跤等项目中，通过桥式练习对颈部进行锻炼是被包含在基本训练内容中的，即使只做这个练习也可以成为充分的抗阻训练。但这个训练并不是只做桥的姿势，而是在这种姿势下对颈部进行前后左右方向的运动。为了使颈椎不发生弯曲，颈部肌肉要在持续进行对抗的同时还要进行运动。桥式练习本身虽然是使用全身的运动，但通过将重心作为负荷，使得颈部肌肉会为了“承受”这个运动而工作。如果更确切地说，它好像更应该是离心收缩（请参考问题43）训练吧。

不做桥式练习，而做承受被人推压颈部的训练，也是很多运动员所采用的。这其实是与桥式练习一样的训练。进行承受屈曲颈部力量的练习，也会促进颈部肌肉的强化。

如果从机能性来说，颈部的肌肉并不是进行能动性运动的肌肉。几乎没有积极使用颈部肌肉的运动吧。即使是在足球运动中进行顶球动作时，其原动力也是躯干的大肌肉。在头部受到球的冲击时，颈部肌肉起的作用只是进行为保证头不晃动而将其牢牢固定的工作。因此在进行颈部训练时，与其进行颈部肌肉的能动性使用训练，不如以“承受”为重点进行训练可能更加合适吧。

69 如何锻炼整个小腿后群肌？

小腿后群肌肉，即使在肌肉中也是更依赖于先天素质的肌肉。所以，并不是说进行了训练，就能够使它很快变大。即使是阿诺德施瓦辛格在当健美运动员时，好像也因为在意小腿后肌肉细小，每天都进行了很严格的训练。但是，也没有必要因为小腿后群肌不比别人发达而那样悲观。黑人短距离运动员不都是小腿纤细吗。也就是说，小腿肌肉的粗细程度与腿部力量好像没有那么大的相关性。

如果将黑人鲜明的小腿后群肌比喻成英国产的良种马，那么也不知什么原因，日本人中小腿后群肌像农耕马一样的人很多。其实，这是由于构成小腿后群肌的肌肉形状导致的。小腿后群肌的肌肉是由内表层的腓肠肌和在其下方的比目鱼肌构成的。日本人的腓肠肌从整体来看是内侧头大而外侧相对较小，因而看起来总是像只有 1 块腓肠肌的人占绝大多数。而且，由于其下方的比目鱼肌也又宽又长，因而看起来会有没有锐度的感觉。

在日本人中，还有小腿后群肌非常大的人。而据说他们中有很多人在成长期从事过田径项目。在成长期长时间从事什么样的运动项目，好像会对成年后小腿后群肌的形状和围度产生影响。特别是从事短跑类和跳跃类项目的人，形成漂亮的小腿后群肌的情况好像很多。

比如，使用大拇指指腹附近进行像相扑一样不断用力的互压动作，内侧的肌肉就会逐渐发达。说不定，在相扑运动员中有很多人是从小就进行了这种模式的运动吧。

在成长到一定程度后，若想要锻炼小腿后群肌的话，那么除了通过负重提踵等方式勤勤恳恳地进行训练之外就没有其他办法了。另外，在通过训练进行小腿锻炼的人，内侧肥大而外侧相对细小的人很多。因此，如果是要对小腿后群肌全体进行锻炼的话，通过采用类似于脚尖方向稍向内侧的负重提踵等方式，尽可能有意识地对外侧头进行训练，效果可能会更好。

70 如何锻炼握力？

其实，手指上并没有多少肌肉。与握力相关的肌肉，与其说手指本身，不如说是前臂的屈肌群。如果打比方的话，就像手指内有根长的绳索，而前臂肌肉就是通过这个长绳发挥着握力。因此，若要提高握力，就有必要进行前臂肌肉的锻炼。

对于前臂的训练来说，最基本的是弯举练习类项目中的手腕屈曲和伸展训练。但是，手腕的动作和握的动作是不同类型的运动。因为在握的动作中，是通过对手指屈曲的肌肉加上蚓状肌等手掌中小肌肉的使用，来实现对手整体的控制的。因此，若要使握力本身得到加强，最终就不能缺少“握住”这个动作本身的训练。也就是说，在手腕的弯曲伸展练习的基础上，还应该加入类似握力器练习这样的训练。

但是，通过这样的训练是否会使握力有飞跃性的提高，答案其实是否定的。因为，握力非常依赖于与生俱来的先天素质。如果是卧推的话可能会有人能举起一般人 3 ~ 4 倍的重量，但这样的人通常是见不到的。也就是说，握力的训练可塑性还是很低的。

71 什么是“把持力”？

相对于握力，让所握东西不被放开的耐受能力被称为“把持力”，也可以说成是“把握力”。这个力解释起来很难，而且它的极限到底是由什么决定的也还不清楚。

杠铃硬拉作为举重项目中的一种，是握着杠铃从地面垂直上举的比赛项目，世界纪录是400公斤，日本也有能够举起300公斤以上的人。为了能够举起300公斤的重量，单纯地想，左右握力就各需要150公斤。但是，日本人中恐怕并没有拥有如此握力的人。这就是说，保证握着杠铃上举姿势的力量，与握力是不一样的东西。体重为80~85公斤的人，为什么还能举起300公斤的杠铃？在生理学上这被称为“离心收缩”（请参考问题43），它可以认为是针对强迫肌肉拉长的力量而努力着使肌肉不被拉长的力的工作。

对于锻炼把持力来说，将握力本身提高，并使作为基础的肌力真正得到加强是第一位的。对于这样做仍握不住握柄的人，建议试试离心收缩训练。比如说，手持很重的哑铃，在手腕弯曲的状态下尽可能坚持，或者在杠铃上垂吊等，而握力可能也会因此得到提高。

72 如何提高足底肌力（足的握力）？

足底肌肉与手掌一样，是由控制脚趾动作的趾短屈肌、拇展肌、蚓状肌等非常多的部件构成的。手掌可以通过蚓状肌及指屈肌群的作用，收拢形成碗的形状。而足底同样可以通过足部的屈肌群和蚓状肌的作用形成弓形。

柔道家用力踩住垫子的动作、相扑运动员为不被推出场外而用力站住的动作以及赛跑运动员用力蹬地等动作中，足弓都是不可或缺的。在顶尖运动员中，甚至有趾短屈肌和拇展肌发达到让足弓看起来快要被埋进去那种程度的人。乍一看好像是扁平足一样，但实际上这是肌肉发达的证据。

经常接受这样的提问，就是如果锻炼了足底肌肉是否会跑得更快，可很遗憾的是还没有关于这方面的研究。但是有这样的报告，如果足弓下陷的话，就会造成跑步能力下降以及更容易疲劳。

跑或跳等运动能力本来就决定于怎样像弹簧一样使用身体。黑人短跑运动员所拥有惊人的竞技能力，也是源于他们能够将细而强壮的下肢像弹簧那样使用。如果位于足底的足弓，能够实现像跳箱踏板那样的功能，那也会起到像弹簧一样的效果。

为了确保足弓的工作，确实有必要好好地锻炼脚趾的屈肌群。比如像将毛巾用脚趾拉过来这样的运动，不仅容易而且还最有效果。手指和脚趾与胸以及后背不同，这个部位肌肉的耐力是很强的，而轻负荷的大量运动，被认为可以使其综合能力得到提高。因此，不要过于考虑负荷，而是将注意力放在更多地进行发力练习上吧。

到目前为止讨论的话题，只不过是足底的表层部分。在其深层部位，还有对形成足弓起重要作用的跖方肌等肌肉。由于足底有很多分层且非常复杂，因而没有弄清的部分还有很多很多。

73 握杠铃时的握距是多少才合适？

以卧推为例看看吧。如果想要举起很重的物体，那么胸大肌的力量，也就是将肩内旋的肌力是非常重要的。

在握距与肩宽完全相同时，由于“杠杆”原理，将肩旋转的力几乎不会工作。这就意味着，主要是通过肘的伸肌，也就是肱三头肌的力量将杠铃举起。而在这种状态下能够举起的负荷是有限度的。

但是，如果握距过宽也是不行的。曾有人调查过使推举能力

最大的握距，其结果是“肩宽的1.6倍”。如果以这个宽度握住杠铃的话，那么就会使胸大肌完成负荷的约70%，而肱三头肌以及三角肌完成剩余的约30%。因而，可以将这种能够均衡锻炼到胸大肌、肱三头肌、三角肌的握距当做标准来考虑。

如果握距过宽，就可能会因为对手腕造成过大的负荷而受伤。因而，可以将最宽的握距设定为肩宽的1.6倍，然后再根据自己的训练目的缩小握距进行练习。比如，与胸大肌相比，想要对肱三头肌进行更多的锻炼时，只要将握距变得稍微窄一些就可以了。

虽然从理论上来讲，如果握距与肩同宽的话，胸大肌的工作几乎是零，但由于杠铃下降时会处于比肩稍低的位置，所以实际上还是会使用胸大肌。若从比例来讲，肱三头肌约占60%，而胸大肌约占40%。

74 深蹲练习时的理想足间距是多少?

由于深蹲练习是比问题73中的卧推练习更为复杂的运动，因此，也是很难决定足间距的训练项目。

从基本上来讲，深蹲练习中采用的足间距越窄，那么对股四头肌、大腿后群肌以及臀大肌等的使用也就越多。另外，由于窄的足间距会造成下蹲时前倾幅度加大，因而还会让竖脊肌发挥作用。

足间距越大，上体就会越直，而这会使竖脊肌的负担减小。因此，在想要进行很重负荷的深蹲练习时，将足间距放宽可能会更好。因为，这样就能在上体不怎么前倾的情况下完成下蹲。

但是，如果足间距加大的话，承受负荷的肌肉也会产生微小的区别，大腿后侧肌肉的使用将会逐渐减少，而内收肌（大腿内侧肌肉）的使用将会逐渐增加。

对于卧推练习来说，是有所谓“肩宽的 1.6 倍”的标准握距，而深蹲练习的足间距并没有像卧推练习那样的标准距离。虽然可以大致上认为肩宽是标准，但即使比它宽一些或窄一些都不会有什么问题。由于锻炼重点也会随之改变，因此，足间距会因人而异。

中等足间距是与肩同宽，窄足间距是髋关节的宽度，而宽足间距是 80 厘米左右。我想，若能记住这 3 种间距可能就足够了。对于想练内收肌的人，或者要在奥林匹克举重中举起更大重量的人，足间距略大一些可能会更好。而对于想要均衡地训练股四头肌、大腿后群肌以及臀大肌等肌肉的人，进行足间距稍小的深蹲练习可能会更好。总之，只要根据想要锻炼的肌肉部位，采用相应的足间距就可以了。

75 如何打造既有瞬间爆发力又有耐力的肌肉？

如果反复进行提高爆发力的训练，耐力也会有一定程度的提高。肌力增长而耐力却完全得不到提高的事情是不会发生的。

但耐力也有各种各样的类型。如，既有那种在发挥 1 次最大肌力后休息 5 分钟，然后再发挥同样肌力的耐力，也有那种用一半左右的力量能够持续进行多少次的耐力。这两种耐力是有些区别的。通过爆发力训练获得的耐力基本上是前一种。

可是，即使用 90%1RM（请参考问题 40）以上的负荷反复地进行只能举起 5 次左右的训练，也不会获得像用轻负荷上举 30~50 次这样的耐力。因此，如果想要获得持续时间长的耐力，还是需要反复进行用轻负荷重复 30~50 次这样的要求次数的练习。

如果要在一次训练中同时获得爆发力和耐力，那就需要在进行很大负荷训练之后，再加上 1 组用 50%1RM 左右的负荷进行到力竭（请参考问题 100）的训练。这被称为“整体法（holistic method）”。holistic 是“整体”的意思，它是提高肌力和肌肉耐力，也就是提高肌肉全面能力的训练。

其实，已经弄清的是，如果进行整体法训练，不仅会增强高输出功率耐力，而且还会使生长素的分泌得到改善。因此，如果长期性地观察训练效果，还会看到肌肉肥大以及肌肉量增加的结果。所以，没有不做的理由。在进行重负荷训练之后，再用轻负荷进行一组多次数的练习。就算只做这些训练，训练效果也会有显著的变化，因此，请您一定要试一下。

76 训练的季节以及时间段与肌力增长有关联吗？

首先是关于季节，应该说在不会感到强烈疲劳感的时期进行训练是最合适的。在炎热的夏天谁都是容易疲劳的，因而稍微凉快一些的时期可能更容易进行增强肌力以及肌肉增长的训练（这会因地域的不同而有些差异。比如，在冬天的气温显著低于零度的地区进行充实的训练可能会很困难）。

不过，个体差异还是存在的。如，有人就是喜欢对别人来说可能是热得要命的季节。如果这个人认为这种天气会使自己得到提高的话，那他可能是适于在夏季进行训练的人。

一般认为春季和秋季适合于运动。但是，也有不适应剧烈季节变化的人。因此，通过经验分析自己的类型，然后弄清自己适合的季节是很重要的。

在知道了自己适合的季节之后，如何在那时大幅度地提高肌力，会成为决定成败的关键。通过一般的训练本来只会提高 5 公斤，此时可通过努力提高 10 公斤。像这样的努力和专研是非常重要的。肌肉以及肌力绝不会只是一味地增长，而是会出现增长期和停滞期，甚至增长期可能还要相对少一些。因而，从长远来看，能否将适合于自己的季节有效地利用，在训练效果上会出现很大的差异。

接下来是关于时间段。对于进行剧烈的运动以及训练来说，全身代谢活跃的时间段可能会更好。体温升得最高且交感神经活跃的是下午，其中，从下午至傍晚的这个时间段被认为是最适于运动的。因此，如果可能的话，在这样的时间段进行训练可能会更好。

当然，对于从白天到傍晚这个时间段很忙的人，在早晨或傍晚训练也是可以的。如果持续进行训练的话，身体也会很快

迎合这个节奏。时而早晨、时而白天或时而傍晚这样凌乱的时间安排是不合适的。因此，坚持相对固定训练时间段还是很重要的。

77 将负荷上举时，为什么要呼气?

这是为了固定躯干。无论卧推练习还是深蹲练习，躯干特别是腹部周围都是力量传导的中心。中心如果不稳定的话，就不能将重物举起，所以一定要将其牢牢固定。而如果以意识关注着腹部进行呼气动作，就会使腹肌收缩，进而使躯干固定。

但是，当重量超过了一定程度之后，仅靠呼气将无法举起。这时，需要在吸入一大口气后，憋住气发力。这被称为“憋气”，就像要把位于腹中的气球用力压扁一样。这样的话，躯干会比呼气时更硬，也就可以举起接近于极限的负荷。

憋气的话，会使脸部发红且血管暴突，使人感到很危险。由于腹部压力和血压是相当的，因而血压也会上升。在深蹲练习等项目中，收缩时的血压有时会升到350毫米汞柱。

练习举重的人，其血管已经适应了憋气血压上升的状态，一般不会出现问题。但是，由于不得不对抗着高压输送血液，憋气会增加对心脏本身的负荷。而作为代偿，心脏壁就会增厚。这虽然在年轻健康的时候没有问题，但随着年龄的增大，会容易造成因冠状动脉硬化而缺氧的状态。也就是说，有可能会更容易出现心力衰竭和心肌梗塞等情况。因此，为了不发生这样的事情，请尽可能避免憋气吧。

在举起负荷时呼气，这是原则。从事爆发力项目的人，进行短时间憋气是无法避免的。但是，对于一般人，请“呼”地呼着气进行上举练习吧。

78 游泳可以锻炼全身的肌肉吗？

经常听人说，因为游泳是全身运动，所以会锻炼到全身所有的肌肉。确实，游泳是身体克服水的阻力进行的运动，会有肌力训练的效果。

但是，虽说都是游泳，却会因游泳方式的不同而使承受负荷的部位发生变化。因此，如果是要锻炼全身的肌肉，那么将自由泳和蛙泳这样不同模式的泳姿结合在一起进行可能会更好。如果可以的话，不要只进行1种泳姿就结束，而是最少进行2种泳姿的练习，这样可能是更有效的。

但游泳将作为肌力训练会存在一个问题。本来，进行游泳训练的乐趣在于如何减少水的阻力而使游泳效率更高，而猛力划水前进，从竞技角度来说是不好的游泳方式。也就是说，尽可能少使用肌肉对游泳是重要的。如果这么考虑，通过游泳进行肌肉锻炼的想法本身就是矛盾的。反过来说，如果是为了肌力而进行游泳训练，那么游泳技术有可能反而下降。关于这一点，在训练时最好还是记在心里吧。

如果时间充裕的话，与其以增加肌肉为目的而采用游泳，不如将其与重量训练合并起来可能会更好。若在重量训练后再进行10~20分钟的游泳，能够调节肌肉使用方法上的平衡，也就是会出现在调节层面上的效果。还有，将游泳作为愉快地结束训练而进行的整理活动，也是可以的。

如果一定要在水中训练增加肌肉的话，那么与其进行游泳，不如在水中进行竞走可能会更好。水的阻力将会对肌肉形成很好的负荷。

79 有氧训练能长肌肉吗?

进行有氧训练，基本上不会使肌肉增长。反而有可能出现减少，但不会出现增长。

相反，对于肌力训练是否会提高耐力，则有这样的研究结果，就是“有一定的提高”和“不怎么提高”这两种。而“降低”这种结果是没有的。

为了进行高质量的训练，就会有这样的疑问，就是如何在组与组之间的休息时间内更快地恢复，以便用更好的状态进入下一组训练。这就自然会与全身耐力产生联系。虽然肌力训练基本上是无氧运动，但是在间歇期间，不仅心率会上升，而且摄氧量也会增加，也就是说这时是有氧代谢。这就意味着，为了提高训练效果，若能对全身耐力也进行提高就会更好。

如果从事像举重和奥运会举重这样的爆发类项目，就不得不更注重于每1组的训练质量。而为了在下一组能够发挥最大的能力，休息时间就最少需要有5分钟左右。在这期间，为了能够使体力得到恢复，人基本上是不动的。由于每1组练习中举起的次数很少，而休息时间又很长，所以无论是心率还是摄氧量基本上都不会上升。如果仅仅是这样，就不会成为提高恢复能力的训练。

为了弥补它，一周如果有两天左右进行2~3公里的跑步或者走路是很好的。也就是进行让心率上升、有氧代谢活性提高的辅助性训练。这样的话也会使训练的内容变得更好。

在进行像健美运动那样的增加肌肉量的训练时，将组间间歇时间缩短会非常有效。如果以1分钟的间歇连续进行60种左右的练习，那么这将是非常好的有氧运动。在组间间歇时的心率也不低于120次的状态下，持续进行大约1个小时的训练，自然会使耐力提高。而如果是进行这种训练的人，就不需要进行有氧性辅助运动。

80 有氧运动分段进行更好吗？

是的。

由于有氧运动是低强度的运动，所以能量消耗量也低。因此要尽可能持续更长的时间，以增加总的能量消耗，这是到目前为止被认为的常识。也就是说，一旦在脂肪上点着了火，就让火种在中途不再熄灭而持续燃烧的意思。

但是，这种说法真的就正确吗？当脂肪一旦开始分解，即使在中途突然停止运动，脂肪不是应该仍继续分解吗？关注到这一点，我们很快就进行了实验来一探究竟。结果，虽然都是 1 小时的运动，但是中途休息 30 分钟的组与连续运动 1 小时的组相比，脂肪代谢的比例提高了将近 30%左右。如果从这个结果来看，那么在进行有氧运动时，在途中加入休息效果会更好。

关于为什么中间加入休息会使脂肪代谢升高，目前还并不完全清楚。只是，通过调查激素发现，在加入休息的情况下，血液中的肾上腺素会升高。这可能意味着，在中断运动时身体会形成活性非常高的状态，从而造成在重新开始运动时发生更为强烈的反应。与不休息持续进行的运动相比，在加入休息后重新开始运动，有可能会使交感神经以及激素的活性更强，脂肪也可能更容易燃烧。

不过，虽说间断性的训练是好的，但如果不将运动进行到脂肪开始分解还是不行的。因此，为了对引擎充分地加热，最开始的 20 分钟左右还是努力进行持续的有氧运动吧。

81 有氧健身车训练会使腿部肌肉变粗吗？

可以很轻松地进行有氧运动的是有氧健身车。为了消除运动不足、提高体力以及减肥等目的，大家在很愉快地蹬车。也许其中还有很多人希望获得一石二鸟的效果，也就是同时出现肌力的训练效果。

其实，如果将负荷加大，通过有氧健身车也能使肌肉量多少增加一些。但是，如果突然将负荷加得过大，那么就连几分钟也不能坚持。要是设定像越野那样很难的程序，使负荷有上升下降的强弱变化会怎样呢？如果这样的话，就能形成对于呼吸循环系统来说是有氧代谢，但同时也能将主要部位的肌力训练要素涵盖进去的训练程序。

只是，无论如何要轻松地进行肌力训练。若想只靠有氧健身

车就完成充分的肌力训练，那么只能说这是良好的愿望。而如果是无论如何也没有时间进行专门肌力训练的人，或者认为自己不适合做正式肌力训练的人，那就没有其他办法了。

顺便说一下，即使是大腿肌肉发达的自行车运动员，也会经常在长得像有氧健身车那样的功率自行车进行训练吧。那被称为 Power max 的，是更倾向于无氧系统训练的机器。如果在它上面进行全力运动的话，腿会在运动到 20 ~ 30 秒时间内变得非常僵硬而无法运动。由于这种练习的动作是冲刺式的蹬动，而且在最后的冲刺阶段是在几乎不松劲的状态下一气蹬完的，因而会造成肌肉内部出现持续的极度缺氧，形成使腿非常容易变粗的状态。因此，如果是这个机器的话，还可以指望出现比有氧健身车更高的肌力训练效果。

82 如何形成匀称的身体？

如果做好基础性抗阻训练，从结果来讲会形成匀称体形，即便刚开始时身体存在着很大的左右差异，也会逐渐地变得对称吧。

如果是使用杠铃或组合器械，由于一定会进行两侧的训练，因而不会使某一侧的上肢或下肢承受极端的负荷。另外，如果左臂已经疲劳的话，那么即使右臂有余力也不能举起杠铃，而训练在这时也只能被迫终止。即便是使用哑铃，也不会出现在一侧已经不能举起的情况下，能够举起的另一侧仍能进行彻底训练的情况，因而也不会发生左右两侧使用不同重量的情况。

正是因为这个原因，与一般人相比，进行训练的人有左右差异相对较小的倾向。但这并不是说左右差异会成为零。人的身体原本就不是完全对称的。特别是像腹肌这样的部位受遗传影响很大，因而要对歪斜的腹肌形状进行修正，首先就是非常困难的事情。

还有像棒球、高尔夫、击剑等项目那样容易出现握左右差异的项目。仅仅是因为更多使用单侧的项目，而只进行强化单侧的锻炼是严禁的。因为，如果左右差异过大，那就有可能造成受伤。还有，棒球的投手不仅要进行投球，有时还要进行接球和快跑等其他形式的运动。此时如果存在较大的左右差异，就有可能对运动能力造成负面影响。

由于人不是机器，所以如果全身的平衡性不好的话，就不能充分地发挥竞技能力。还有，棒球运动员以及高尔夫运动员所进行的非惯用手挥击练习，是因为减少左右差异在调整层面上也是非常重要的缘故。

83 锻炼后背肌肉会使出拳力量增强吗？

确实，经常有人说“如果想提高出拳力量就锻炼后背的肌肉吧”这样的话。有时，背阔肌还被称为“拳击肌肉”“击球肌肉”。

但是，说锻炼背肌就能使出拳力量增加可能并不是真的。虽然不能肯定地说是假的，但背肌与出拳力量并不是一定就成正比。

在出拳时，背阔肌确实会被使用。说到背阔肌的作用，首先并不是出拳击打的那一只手，而是另一侧后撤的那一只手。也就是说，是通过加强另一侧上肢向后拉的动作，使得在出拳时能够利用这个更大的反作用力发出更强的出拳力量。而如果基于这一点，认为背阔肌发挥着功能可以说是没有错误的。

另外，在发出直拳时，并非仅仅是将上肢伸直，而是将肩内旋着发出的。也就是说，就跟甩动体温计的动作一样，是向内转动着肩击打的。而这个内旋的动作又是由胸大肌和背阔肌共同进行的。因此，如果只是胸大肌发达而背阔肌弱的话，就不能很好地将力加到出拳上面。从这个意义来说，如果背阔肌弱的话，出拳力量变弱也是有可能的。

但是，对强有力的出拳起更重要作用的是腰腿的肌肉。如果在腰腿强壮的基础上，胸大肌和背阔肌也很强壮的话，就可能很自然地发出很强的出拳力量。而只是把背阔肌从中挑选出来，并将其称为拳击肌肉是不是错误的呢？对于那些想拥有强有力的出拳力量，却只对背阔肌玩命进行锻炼的人，可能还是需要重新再考虑一下。

84 让所有的肌肉通过锻炼得到提高需要多少年?

从解剖学上来讲，人的肌肉被认为有 400 个，而若用更细的分解方法那就会有 600 个。如果想让这些肌肉一个一个地分别得到锻炼，那么只有用接通电极等方法按顺序进行电击刺激。而确切地说，要将特定的肌肉筛选出来进行锻炼是不可能的。因为，运动原本就是通过对很多肌肉的共同使用才完成的。

举例来说，屈肘练习虽然看起来好像不使用肱二头肌以外的肌肉，但实际上，屈肘动作还同时使用肱二头肌稍外侧的肱肌和前臂的肱桡肌。而在卧推时，除了当然要使用的胸大肌、三角肌和肱三头肌之外，还要使用上半身的全部肌肉，另外，由于是在脚与地面接触的状态下进行的，因此，竖脊肌和臀大肌等也会多多少少地被使用。也就是说，如果进行 30 种左右非常基础的训练项目，恐怕所有的 400 个肌肉都可能得到相应的锻炼。

如果是想用尽量少的项目对大量的肌肉进行锻炼的话，那么不使用器械，而是使用哑铃和杠铃等自由重量进行训练，效果可能会更好。即使只进行被称为“三大训练项目”的卧推练习、深蹲练习和硬拉练习，也能使从躯干肌肉到上、下肢的主要肌肉，包括深层肌肉，都得到锻炼。当然前臂等特殊的部位需要专门的练习项目。

不管怎么说，如果是采用像“一个一个地锻炼能够用几年完成”的加法计算方式进行锻炼，那么在对某一个肌肉进行锻炼时间里，其他没有进行锻炼的肌肉会逐渐衰退，因而即使用多少年也不能使所有的肌肉得到锻炼。

［附］塑身年表 2

20 世纪 30 年代	训练杂志纷纷发行 M.H.贝利倡导取巧训练模式 鲍勃·霍夫曼倡导“heavy and light system（轻重结合体系）”
1932	受让麦洛杠铃公司权利的鲍勃·霍夫曼设立“纽约杠铃公司” 抗阻训练专门杂志“Strength & health（力量与健康）”发行
1934	嘉纳治五郎在日本介绍举重
1938	霍夫曼在“How to be Strong，Healthy and Happy（如何变得强壮、健康、幸福）”中倡导“不规则训练系统”
1942	美国的托马斯·K. 库里顿在伊利诺伊大学开始进行被认为是循环训练原型的“战时野外横断竞争”计划
1946	国际健美联盟（IFBB）成立
1947	美国的“Vigour and Body Culture（活力与身体文化）”杂志编辑长 H. 阿特金斯发表“重量减量训练法”
1948	A. 琼斯开发“诺奇拉斯器械”的第 1 号机
20 世纪 50 年代	北欧的库洛、克里斯坦森、阿斯穆森开始进行肌肉生理学研究 美国的库里顿进行体力研究 美国的 “Muscle & Fitness（肌肉与适应）”杂志发行人乔·韦德倡导“Flushing Muscle Methods（肌肉重塑方法）”“Extras Repetition Methods（辅助重复练习法）” “Mental Contraction Methods（精神激将法）”等训练方法 “Super set Methods（超级训练方法）”开始普及 “高蛋白质”被开发 美国的 C.罗斯设计“The loss system（减重体系）”
1950	苏联的 G.诺瓦克在卧推、抓举、总成绩等项目上，从 1938 年起共树立 11 次世界纪录
1951	佐尔巴斯和卡尔波维奇用实验证明抗阻训练可以提高速度，且对心脏没有负面影响 “德罗姆 & 沃特金斯法”被美国的整形外科医生托马斯·德罗姆和阿瑟·沃特金斯共同开发 美国的约翰·戴维斯树立 182.3 公斤（402 磅）的抓举世界纪录

1953	英国运动生理学家 I.J.马库因对留在“英国健美先生比赛”决赛的 17 名健美运动员进行训练方法调查
	西德的 E.A.米勒和 T.赫丁格发表了等长训练的研究结果
1955	“社团法人日本健美联盟”的前身“日本健美协会”成立
	专门杂志“健美”创刊
1956	卡尔博比奇发行“Weight Training in Athletics（运动员的力量训练）”
	训练理论的正式科学研究开始
	洛杉矶的“施恩公司”制作作为 Multi Station Machine（多用途训练器）原型的“The Multi Machine”

第3章

使效果倍增的训练方法

85 什么是慢速训练?

严格地说，并没有叫“慢速训练”的正式名称和定义。在美国获得注册商标的是被称为“超慢速”的训练，其基本内容是“将承重负荷用4秒钟放下，再用10秒钟上举”。

我们正在研究的训练方法被称为“张力维持慢速法”。这种方法中并没有必须具体“用几秒”的基准，只是将“肌肉在用力做动作时始终不松懈”作为要点。而为了不形成松懈状态，就形成了“用3~4秒举起，再用3~4秒放下”这样的结果。这与“超慢速训练”放在一起，可以统称为慢速训练吧。

张力维持慢速法的目的是通过持续用力使肌肉内压升高，造成肌肉中的循环受到抑制。也就是说，会形成与进行加压训练（请参照问题88）时类似的状况。在这种状况下，即便是采用同等负荷、同等次数，肌肉也会处于更容易粗壮的状态，并且只需用50%1RM的负荷进行训练也可以确保肌肉变粗，而这与规范

训练中采用80%1RM负荷进行训练才能获得的效果几乎是相同的。在普通的训练中，如果采用50%1RM的负荷，肌肉基本上不会变粗。

但并不是说仅仅做到用3秒钟举起，再用3秒钟放下就可以了。重要的是肌肉在整个过程中始终都要用力。以深蹲练习为例，在膝盖伸直时若将关节锁住就会使肌肉松懈下来。而为了避免这种情况，应该在膝盖完全伸直之前停住，并再次下蹲。同样，在对其他部位训练时，不形成完全脱力的状态是最基本的。

由于慢速训练不必使用很重的负荷，因此训练起来相对安全。如果是肌肉没有得到过充分锻炼的人，即使采用自身重量作为负荷也可以使其肌肉变得粗壮。而对于已经达到一定训练水平的人，需要的负荷则最低也要在40%1RM以上。如果低于这个负荷，即使再慢也不会有效果。只要注意了这一点，那就可以通过低于一般训练中采用的负荷而获得同样的效果。

86 请详细指教“张力维持慢速法”

通过“慢速训练”的俗称而被大家熟知的张力维持慢速法，就如同字意那样，是维持着肌肉发出的张力进行运动的训练。

就像在问题85中说明的那样，这个名字的主角并不是“慢速”。相比缓慢地进行，更重要的首先是维持肌肉的张力。在唰唰地很快进行动作时，在“唰”和“唰”之间，肌肉会出现一瞬间的松弛。而为了让肌肉不松弛地保持持续紧张的状态，就不能“唰唰”地进行，而只能“唰——”地又弱又长地进行。所以，从结果上讲就变成了慢速。

接下来，谈谈慢速训练的原理吧。当肌肉发力时有这样的特征，就是肌肉本身的收缩会引起内压上升，并导致血管收缩。血管收缩会使肌肉中的血液循环不畅。这样，就会形成肌肉容易变粗的环境。

这种机制是从加压训练（请参照问题88）中得到启发的。在加压训练时，会直截了当地从外部将血管勒紧。这种方式虽然效率很高，但若将松紧度弄错的话，是非常危险的。如果要用更安全的方法进行，那么只要恢复到原点就可以了。也就是说，要很好地促进肌肉本身进行勒紧自己血管的工作，并进行训练。这就是慢速训练的原理。

那么，要用多大的力勒住血管呢？对此，肌肉隆起程度将是不错的标准。肌肉隆起是指当用力时因肌肉的内压升高而造成血液循环不畅的状态。大约使用最大肌力40%左右的力量时，就会形成这种状态。因此，若在慢速训练中也使用最大肌力40%的力量，并持续进行缓慢的动作，就能像加压训练那样使肌肉强壮。

既然如此，那么是不是一边使用40%的力量，一边保持像坐在“空气椅子”那样的状态就可以了呢？遗憾的是，若只是一直保持某一姿势，肌肉并不会使用能量。因此，将身体向上或向下运动，并持续使用40%左右的肌力，是最为重要的一点。

如果是深蹲练习，用3~4秒缓慢地下蹲，再用3~4秒站直，在没有完全站直的状态下，再一次下蹲。在完全站立而将膝盖伸直时，或者“唰”地一下子就下蹲时，会由于锁住关节而使肌肉松弛。所以，就形成了采用自然的下蹲姿势，持续使用一定肌力的动作。这有点像太极拳动作。

87 深蹲练习以外的有效慢速训练是什么?

1986年在美国发表的论文中，介绍了被称为“超级慢速训练”的训练方法。用4秒的时间下蹲，再用10秒的时间站立。维持张力的方法虽然与慢速训练是一样的，但它的动作要比慢速训练更慢。虽然并没有规定使用的负荷，但如果使用很重的物体，那么将会成为非常辛苦的训练。

在问题86中，描述了慢速训练中的深蹲练习是类似于太极拳的动作。确实，太极拳也是有效的慢速训练之一。但是，从在美国发表的论文来看，可能会因太极拳种类的不同而造成效果上的差异。报告认为，从动作缓慢的太极拳和像功夫那样动作迅速的太极拳的比较结果来看，在体温上升等各个方面，动作缓慢的太极拳对健康的增进效果可能更高。除太极拳以外，像相扑中的左右抬腿动作中，下蹲状态的动作也是持续进行的，所以是与慢速训练相近的运动。

最后，介绍一下想象之外的慢速训练吧。那是“Billy's Boot Camp”（美式新兵训练营训练法）。作为美国军队教育的短期集中练习，在日本也曾引起非常大的关注。那么花哨地、咣咣运动的训练是慢速训练？可能会有很多人为此而惊讶。确实，从表面上来看一点也不慢。但从我们这样的研究者角度来看，会一眼就看出来这是有效的。

Billy's Boot Camp 的最大看点是在蹲的姿势中不断地进行小幅度的上下运动。虽然有可能会因为动作的冲击性很难形成表象，但那种腰的下沉方法与太极拳很像。虽然看起来很夸张，但实际上并没有那种很大的、完全伸展或完全下蹲的动作，因而的确是慢速训练，也是绝对有效的训练方法。问题只是能否持续下去。

从超级慢速训练到 Billy's Boot Camp，虽然介绍了各种各样的慢速训练，但共同点是都没有使用杠铃等器具。也许，只通过自己的身体使肌肉得到加强的大部分运动，说不定都包含了采用张力维持的动作。

88 加压训练是什么？

加压训练是指在四肢的基部（接近躯干的近端）缠上胶带施加压力，并在肌肉血液循环受到抑制的状态下进行的训练。通过这种方式，可以在使用20%力量的情况下增强肌肉。

加压的部位不是血液流进肌肉的入口而是出口，也就是对静脉施加压力。这样就会因为乳酸以及氢离子等代谢产物无法流出而形成滞留的状态，并导致即发性肌肉痛更早地出现。也就是说，通过这种方式可以在很短的时间内就能形成像肌肉进行剧烈运动后的状态。

这种状态会形成强烈的刺激，并促使生长素大量地分泌，而生长素的分泌量是通过普通训练无论如何也不能达到的那种程度。正因为拥有这样一个非常重要的机制，所以，即使采用很轻的负荷也能使肌肉变粗。

这种训练的关键点并不是压住动脉，而是压住静脉。另外，对于不同的训练者来说，适宜的压力也是不同的，因此需要有非常好的专业知识。如果勒得过紧，就可能因形成血栓而威胁生命，所以用自己的一套做法进行训练会非常危险。请绝不要通过自学的方式来学习。

加压训练被很多领域的运动员所采用。对于运动员来说，因在训练中承受很大的负荷而受伤是最为可怕的。在这一点上，由于加压训练只需要很轻的负荷就能满足需求，所以发生损伤的可能性很低，同时还能很好地增强肌力。因此，无论在竞技体育领域还是康复领域，加压训练可能具有很高的利用价值。

89 超等长收缩（Plyometrics）是什么？

Plyo 是“伸长”、“增加”的意思。Metriko 是“米”，也就是长度。将肌肉拉长以后，很快切换过来进行收缩的动作被称为超等长收缩。而灵活运用这种动作，并以提高跳跃能力和短跑能力为主要目的发展起来的就是超等长训练（plyometrics training）。它还被称为“SSC（牵张收缩循环）训练”，是提高爆发力训练方法中的一种。

只进行肌力锻炼并不能使跳跃和短跑能力得到提高。如何将肌力与动作的加速结合起来，或者为了给身体加速，如何让肌力更快地发挥出来都是非常关键的。超等长训练的代表例子是被称为“跳深练习”的训练方法。从台上跳下，在着地的一

瞬间快速地切换过来向上跳跃，并在动作切换时集中性地发挥出肌肉力量。

虽然超等长训练在过去只是作为提高跳跃和短跑能力的训练手段被使用，但现在已经了解到，通过超等长训练也能提高中长距离运动员的竞技能力。马拉松的每一步也是跳跃和着地不断反复的过程，所以如果切换能力提高的话，那么在完成动作时就不用浪费没有必要的力量，这样，跑步的效率会上升，而这对于耐力也会起到正面作用。

不仅是下半身，超等长训练还会有益于上半身能力的提高。如果是卧推，在负荷降低到胸部的瞬间，快速推起；如果是深蹲，在蹲下的瞬间，快速站起。在动作切换时，如果能有意识地将肌力最大限度地发挥，就会变成超等长训练。

尽管如此，爆发力的基础还是肌力。如果绝对的肌力是100的话，爆发性地发出150的力量是不可能的。所以，首先要通过基础训练提高肌力的最大值。之后，再通过超等长训练提高快速达到肌力最大值的能力。而若能将这两种训练有效组合起来，就应该能使肌力发挥能力变得非常高。

90 等长收缩（Isometrics）是什么？

Isos是“相等”的意思。Metriko是“长度”的意思。虽然肌肉在收缩，但肌肉的长度却仍然不变的状态称为等长收缩（Isometrics）。

从训练的角度来讲，那就是处于虽然没有发生动作，但肌肉却在用着力的状态（实际上，即使静止着发出力量，也会多少引起肌肉的收缩，所以没有完全的等长收缩）。在20世纪70年代，德国有个名为赫丁格的人将等长收缩训练写成了书，此书成为在世界范围内的畅销书籍。由于是不进行动作就可以进行的训练，因此在当时来说是一个划时代的产物。

等长收缩训练的优点在于，它不需要选择场地就可以训练。比如，只要在胸前像拜佛那样合起双掌，再从左右两侧加上力量就可以成为胸大肌的训练，所以基本不需要时间和节奏。而只要将接近于最大的肌力持续发出6~7秒，就可以充分地提高肌力，同时也会相应地成为肌肉变粗的刺激。但是，如果只持续2~3秒就结束则几乎没有效果，因此，用6~7秒的时间充分发出最大肌力是动作要领。这对于普通人来讲是很累的，所以，可以说等长收缩训练是很难完美地进行的训练。

此外，如果与使用杠铃、哑铃或者组合器械的训练相比，等长收缩训练的效果当然会差一些。这是因为，肌肉并没有进行工作，虽然发出了力量，但是没有对外发出能量。由于肌肉消耗的

能量很少，所以不能制造很多能使肌肉变粗的物质。

还有一个问题就是，如果发出7秒左右的最大肌力，会使血压大幅度上升。而这会对循环系统造成很大的压力，所以过度的练习可能并不怎么好。

91 核心力量训练是什么？

这并不是正式的名称。将使用所谓“核心肌肉”的项目为重点进行的训练，总称为核心力量训练。

核心肌肉是指从脊柱到骨盆周围的支撑躯干的肌肉，具体包括腰大肌、竖脊肌、支撑骨盆的腰方肌等躯干深层肌肉，臀大肌、臀中肌、支撑骨盆下部的骨盆底肌等表层肌肉，以及腹横肌、横膈膜等从周围支撑核心的肌肉。

锻炼核心的优点之一就是改善躯干的稳定性。随着躯干稳定性的提高，会改进日常生活中的身体姿势，从而改善下半身的血液循环。而代谢活性的提高会使人不易发胖。另外，随着内脏功

能的提高，有时还能改善便秘的状况。因此，可以认为，锻炼核心对健康的所有方面会有各种各样的好处。

而对于锻炼核心肌肉的方法，并不需要非常特别的运动。比如说，腹肌运动就是非常有效的。如果是要锻炼核心，与其选择最为普遍的仰卧起坐类的腹肌运动，不如选择举腿类的项目可能更好。只是，由于举腿类项目存在因过度使用腰大肌而引发腰痛的缺点，所以要注意方法和次数。

在最近流行的练习项目中，有一种是将对角线上的上肢和下肢同时抬起的垫上手脚交替抬起训练。这可能也可以称为核心力量训练吧。

若只是进行很多四肢肌肉的锻炼，而传导力量的核心肌肉很弱，那么肌力最终还是无法结合到竞技能力中来。而且，姿势的维持能力不仅会理所当然地影响体育运动，而且还会对日常生活产生影响。因此，加强核心可能是不可或缺的。

92 如何进行增强“关节稳定性训练”？

无论进行什么动作，如果是活动关节的肌肉持续发出很大的力量，关节就很容易发生疼痛。在极端情况下，有时还会因动作力量过大而使关节脱位。而为了不发生这种情况，就不得不让关节总是在正确的位置上发挥机能。为此，有必要对承担稳定功能的深层肌肉进行锻炼，以保证关节的稳定。

若从稍微广义的角度来讲，在所有的动作中，支撑躯干以及参加运动的所有关节的深层肌肉，都在努力地工作。因而可以认为，有必要进行以提高这种关节稳定性为目的的训练。

如果躯干部位不稳定，那么任何运动也不能恰当地进行。比如说投球动作，虽然出现最快速度的部分是手指，但非常重要的是躯干的稳定性。

如果是负荷较轻的关节稳定性训练，那么可以列举出普拉提。它可以看作是以稳定躯干为主的练习。而平衡盘以及平衡球等练习，都是在不稳定的状态下举起负荷的运动。在摇晃的地方，一边稳定着躯干一边活动肢体末端，会使深层肌肉很好地发挥作用。

如果是专门性的训练，那么可以列举出在美国等国家流行的被称为“壶铃”的壶形哑铃。由于握柄是远离其重心的，所以与普通哑铃相比举起来会更加困难。将有这种特点的负荷，在保持着良好平衡的状态下进行上举和下放动作，此时，如果不使用主动肌以外的细小肌肉，是无法顺利举起的。

由于壶铃很重，所以也可以用于主动肌的强化练习，但从练习方法来讲，将其作为强化深层肌肉的手段还是更为有效的。若提着它进行屈肘练习，那么与哑铃几乎没有区别。但是，如果快速地进行将其举到头部上方的动作，那么它就会成为强化关节周围深层肌肉的训练。

93 循环训练的效果是什么?

循环训练是摩根和阿达姆松在 1957 年倡导的方法，其基本的定义是“提高综合性体力的训练”。

循环训练时，会将身体分为上肢、躯干、下肢等几个部分，并在基本上没有间歇的条件下，对各个部位进行 3~5 个项目的训练，而轮换的项目加起来总共有 7~15 个。刚开始时只进行 1 个循环的练习，适应后则进行 2 个循环的练习。从训练时间来讲，它是从 10 分钟左右到最长也会在 30 分钟左右结束的训练。

在进行一般的中强度循环训练时，首先要将同样的运动重复进行 30 秒，并测定能够完成的次数。之后，将其一半的次数作为 1 组训练的定额。而在使用高强度时，则可以先测定 RM（请参照问题 40），并采用其一半左右的负荷。

由于循环训练从诞生到现在已经经历了 50 年左右的时间，所以与当时相比也出现了很多变化。虽然采用什么样的组合菜单是自由的，但是，使全身的肌肉轮换着运动是最基本的要求。

作为效果，循环训练可以使肌力和全身耐力两个方面都得到锻炼。也就是说，会同时得到抗阻训练和有氧运动的效果。虽说这与各自的专门性训练相比会在效果上有所降低，但能够同时获得两方面的效果还是难得的。

由于只需要 10~15 分钟就能获得抗阻训练和有氧运动的效果，所以可以感觉到循环训练在近期的复苏。这是因为，与进行 30 分钟的抗阻训练，再进行 30 分钟的有氧训练，合起来共进行 1 个小时相比，循环训练要轻松很多。为了健康以及减少脂肪，有氧运动是很重要的。但是，为了提高代谢率以及防止反弹，最好还是同时增加肌肉。而要在短时间内同时进行这些内容，循环训练确实是非常有效的方法。

还有，在比赛时间固定的竞技项目中，需要在一定的时间内集约性地发出肌力的能力。在这种情况下，循环训练也会发挥效力。据说，柔道运动员井上康生在悉尼奥运会获得金牌时，在逐渐临近比赛期的时候使用了循环训练。将循环训练的持续时间设定为一场比赛的时间，在不安排间歇时间的情况下组合各种各样的训练菜单，有时甚至还加入很大负荷的肌力训练。通过这样的方式，提高在比赛中肌力发挥的能力是有可能的。

94 SAQ 训练是什么？

S 是速度（speed= 直线性的速度），A 是敏捷性（agility= 敏捷性），Q 是反应及启动速度（quickness= 反应以及动作的迅速性）。将这些词的第一个英文字母合起来的 SAQ 训练，是相对于提高肌力，更注重于提高全身动作速度的训练。

对于敏捷性、反应以及启动速度来说，是在速度的基础上增加了“神经系统调整能力”这个要素。将如何才能使从静止状态到动作开始为止的时间更短，或者如何才能在一定的时间内反复完成的动作次数更多等为目的的训练，总称为 SAQ 训练。

比如，在像梯子一样的格子上按顺序踩着进行的被称为“ladder”的训练，以及同时可以作为敏捷性、反应以及启动速度指标的反复横向跳跃练习等，都是典型的 SAQ 训练。

但并不是说SAQ与肌力没有什么关系。动作的切换不仅要涉及到神经系统的能力和速度，还要使用很大的瞬间爆发力，所以基本的肌力无论如何还是必要的。由于是通过一瞬间对地面进行强有力的蹬地来完成反方向的动作改变，所以也会与肌肉的爆发力，也就是与在一瞬间发出很大力量的能力相关联。因此，从理论上来讲，在反复进行像SAQ这样的动作过程中，肌肉本身的爆发力也可以得到加强。

但是，通过SAQ进行锻炼获得的肌力将是有限的。若在通过负重训练加强基础性肌力的同时使用SAQ训练，应该能够获得更高的竞技能力。在体育运动中，有些竞技项目是非常需要敏捷性、反应以及启动速度的。所以，应该依据各自的竞技类型，合理地决定负重训练和SAQ训练的比例。

95 高原训练效果如何？

这是个很难的问题。首先，从理论上说明一下通过高原训练有可能获得的效果吧。

当处于氧含量稀薄的空气中时，身体会出现为了从稀薄氧气中摄取更多氧气的适应性反应。其结果，血液中的血红蛋白会增加。由于血红蛋白的作用是在肺部与氧结合并将其输送到组织，所以当血红蛋白增加时，机体对氧的转运能力就会提高。而在这种循环机能以及血红蛋白量增加了的状态下回到平原进行运动时，可能会比只在平原进行训练更加有利。这就是基本的原理。

但是，如果只是基于这种考虑，那么不用特意去高原，而是将自己的血液采集并保存起来，并在比赛前再注射进去，也同样会使血红蛋白增加。只不过，这种方法是被确认为使用“血液兴奋剂”而明令禁止的。这也是宁可花掉很多费用去高原进行训练的理由。

那么，高原训练效果会怎样呢？实际上，既有获得正面效果的人，也有获得负面效果的人，因而不能肯定地说一定会提高竞技能力。至于为什么不能获得效果，其原因之一是由于在高原环境中竞技能力会降低的缘故。在高原是无法用跟平原一样的速度奔跑的，所以训练强度会降低。由于这个原因，最近出现了通过在高原进行日常生活的方式来增加血红蛋白，而在平原进行训练的“高住低练”的方法。

相反，还有人认为在高原训练会造成疲劳积累，所以应该尽可能采取充分的恢复时间，并提倡“高训低住”的方法。也就是说，虽说都是高原训练，但采用的方法是各式各样的。另外，还会因实践者的不同而出现个体差异，因此，什么样的高原训练最为有效，其实还并不太清楚。在J—S（国立科学中心），还进行了在下层进行训练，而在全都是低氧环境的地面楼层进行日常生活的研究。

从生理学的角度来说，关于增加血红蛋白量的目的和其产生效果的机制已经非常清楚，因此如果使用了适合于这个人的方法就应该有希望获得很大的效果。但在实践时，还是有必要针对运动员的疲劳程度以及营养等方面制定严密的计划。还有，为了防止出现过度训练，在进行高原训练时还应经常性地进行血液检查，否则，还有可能出现相反的效果。可以说，在非常重要的比赛前，认为是很轻松的一锤子买卖而进行高原训练是应该避免的事情。

96 普拉提、瑜伽、瑜伽柱、平衡球等练习有什么样的训练效果？

普拉提原本是对第一次世界大战时期受伤的士兵进行的康复训练。它是以通过活动被称为躯干深层肌肉的核心肌肉，使机能得到更快恢复为目的锻炼方法。最近，这种运动方式开始复兴起来，并成为热潮。也许，这也是现代人的身体已经达到需要康复训练那样不正常的证据。通过形成结实的核心肌肉，能够使脊柱、骨盆以及肩胛骨等的骨骼排列回到自然状态。而通过这些获得全身性的健康，可能是现代普拉提的主要目的吧。

重视拉伸要素和呼吸的瑜伽，与普拉提的目的可能是一样的。在脑科学中已经逐步弄清的是，在进行腹式呼吸时脑也会被激活。如果将呼吸法与很好地使用深层肌肉的动作组合起来采取各种姿势的话，就能够逐渐矫正身体歪斜并调整平衡。无论是普

拉提还是瑜伽，并不是以肌力训练为重点，而是以调理身体平衡、将平时处于休眠状态的核心肌肉激活作为重点进行的。所以，如果从健康的角度考虑，它们可能是十分有效的锻炼方式。

最近流行着瑜伽柱（Stretch Pole）和平衡球，如果使用它们进行练习，肯定会有效果。比如说，消除竖脊肌的紧张度等。有意识地制造不稳定的状态，使身体平衡出现微小的破坏，就能激活深层肌肉进行调整工作。而通过这些会产生调节身体机能的效果。

在平衡球练习时，不仅要使用核心，而且还要微妙地动员肩胛骨周围的深层肌肉，否则就不能很好地取得平衡。仰卧于平衡球进行杠铃卧推等运动，不仅能加强脊柱周边的稳定性，而且还可能起到加强肩胛骨周边稳定性的效果。

这 4 种都不是用来锻炼大肌肉的练习。然而，由于能够通过调整身体机能而使身体健康状态得到改善，或者使身体平衡得到调整，所以，若从长远角度来看，也许会对肌力增长起到正面作用。

97 “快速训练法（Ballistic）”是什么？

如果以图表来表现，那么就是像画抛物线那样的发力方式。“嘭”地形成山形，又“哗”地快速下降。像这样发挥力量的训练叫做快速训练法（Ballistic 训练法）。它是瞬间性地发出力量，之后形成脱力局面的训练方法的总称。所谓的 Ballistic，原本就是火箭或导弹等的抛物线轨迹的意思。

比如，将力量一下子发出来，在之后的一瞬间松着劲儿接收杠铃的高翻这样的训练；在杠铃卧推等练习中，将负荷快速举起这种类型的训练（快速举重）；在卧推练习中将杠铃扔出去的仰卧投掷训练（Bench throw）；跳跃类的训练以及超等长训练（请参照问题 89）等都属于快速训练。

由于快速训练对增加绝对肌肉力量的效果并不是很大，所以如果想要增加绝对肌肉力量，那么采用很重的负荷踏实地训练效果会更好。但是，快速训练对于加快肌肉的启动时间具有非常强的效果，因而是最适合于提高爆发性肌力发挥能力的训练。另外，由于它还有提高动作本身爆发力的作用，所以经常使用于将已锻炼的肌力与实际动作进行结合的阶段。

快速训练还具有增大肌肉瞬间发力能力的特征。在仰卧投掷练习时，即使使用 30~40 公斤这样的轻杠铃，只要能够很好地发力，那么瞬间性的力量也会达到 140~150 公斤。也就是说，虽然发出力量的时间很短，但由于瞬间发出的力量很大，所以对维持已有的肌力是非常有效的。

在通过很重的负荷扎实地锻炼了肌肉后，由于出差或集训等原因到了身边没有很大负荷器械的地方，而且是只能使用自重进行训练时，就可以使用快速训练。只要在宾馆进行爆发式俯卧撑（用上肢进行双手瞬间离地的俯卧撑），那么即使不能进行卧推练习，肌力下降也是可以防止的。

98 有氧运动如果不持续 20 分钟以上脂肪就不燃烧吗？

明确地说，这是假的。或者说，如果不持续 20 分钟脂肪就不会燃烧这种说法是不恰当的。因为，在平时使用的能量中，约有一半是由脂肪供应的。

当开始进行运动时，能量需求会一下子增大。而为了满足这些增加的能量需求，首先就会通过很容易快速动员转化为能量的糖质来应对。也就是说，在运动开始时，脂肪在全部能量供应中的比例会迅速下降。

之后，当交感神经开始活跃时，被称为肾上腺素和去甲肾上腺素的激素会增加，脂肪也就会开始旺盛地分解。这样的话，被称为脂肪酸和甘油的物质会释放到血液中。到了这时，肌肉就会拿它们作为能量予以使用。而要达到这样的局面，确实需要 15~20 分钟的时间。

但是，脂肪还存在于肌纤维中，它们会更早地被作为能量而使用。也就是说，在运动 15~20 分钟之后作为能量使用的，是皮下脂肪等脂肪组织分解出来的部分。

所以，在以减肥为目的进行有氧运动时，进行 20~30 分钟以上的确会更好。只是，如果使用了肌肉中的脂肪，那么减少的部分还是会由皮下脂肪进行补充，所以并不是说进行 20 分钟以上的运动才有效果。其实，即使进行的运动时间稍短一些，如果从长远来看的话，效果也会得到显现。

此外，在运动开始后 10 分钟左右会使交感神经的兴奋程度提高，脂肪的分解也会开始进行。在这个时机一旦停止运动，在休息 10 分钟后再度开始运动，脂肪分解的工作并不会重新复位到零。“10 分钟运动、10 分钟休息、10 分钟运动”这样的运动方式，与连续进行 20 分钟的运动相比，具有一样的效果。虽说如果将间歇时间放得过长对于脂肪燃烧就会没有什么意义，但以对有氧运动进行分割的方法来燃烧脂肪还是可以实现的。

99 有氧能力和肌力提高有关联性吗？

在训练前或在比赛中一定要发挥肌力等情况下，通过较轻的有氧运动进行热身，就可以使竞技能力上升。

此外，对于提高肌力的训练来说，有氧能力也很重要。因为，只上举 1 次杠铃就结束这样的训练是没有的。为了计算总共加起来举起了多少重量，在举重项目训练中也会使用在 1 次训练课中“举起了多少吨”这样的表达方式。在完成 1 组练习后休息，之后再进行 1 组练习，再休息，然后再进行 1 组练习。而这样的训练菜单组合方式是必要的。

在休息时，体内会发生有氧代谢。通过它可以消除在前一组练习中出现的疲劳，之后才可能在下一组练习中发挥力量。因此，在休息中的肌力恢复程度，会关系到训练质量的高低。也就是说，有氧能力的好坏，若从长远角度来看的话，会成为左右训练效果的一个重要因素。

像短跑以及投掷等项目的运动员，在需要拥有瞬间爆发力的同时，还必须能够在一次大赛中反复地发挥其爆发力，因而也不能无视有氧能力。而且，有氧能力高就能在平时完成更高质量的训练，所以从提高实力这一点来说有氧能力也是很重要的。

最近已经清楚的事实是，奥运会级别的短跑以及投掷项目运动员肌肉本身的有氧代谢能力也相对较高。也就是说，若只是具有肌力或者爆发力，是不能达到高水平运动员中的顶尖水平的。

如果觉察到自身有氧能力有问题，就不应该在间歇期完全休息，应该通过进行像跳绳那样的运动避免心率下降到 120 次 / 分以下。就算仅进行这些，也能使有氧能力自然地得到提高。对于认为这样做就不能将精力集中于肌力训练的人，可以在训练后进行 15 分钟左右的有氧健身车的蹬车练习，或者结合整理运动进行有氧运动也是可以的。

100 所有的训练都做到力竭才更好吗？

从原则上来讲，答案是“YES”。

若将力竭这个词翻译成日语，那么最恰当的应该是“疲劳困惫”。虽然这样翻译会有全身疲劳的印象，但在这里只是以肌肉的疲劳困惫这个意思来使用。

就像在问题 42 也提及的那样，使用 1RM（只能举起 1 次的重量）的 65%左右的负荷，重复进行到接近于极限的次数，并将其进行 3 组是标准的训练菜单。与年龄无关，如果不进行这个程度的训练就不能提高训练效果，所以这是最低限的数值。

即使在快要力竭之前，在留有余力的情况下结束训练，也会出现一定的效果。但是，在使用65%~70%程度的负荷时，最初的几次并不能完全使用所有的肌肉。只有到最后很累时，才会发生像肌肉总动员那样的变化。如果不将肌肉使用到那种程度，就不会发生肌肉变大的效果。因此，如果是真的想要锻炼，那么还是要增加次数并最终达到力竭，或者接近于这个状态，否则是不行的。

当负荷达到80%1RM时，情况会发生很大的变化。从最初的第3次、第4次开始，肌肉就会通过总动员方式进行共同作业。所以，最为理想的是使用能够完成8~15次的负荷。如果达到无法再举起的程度，或者说很累的程度，就会更好。提高肌力的效果，会因“从这时开始还能努力进行多少”这样的能动性而发生变化。如果是不彻底的训练，那么即使增加组数，也不能达到将所有肌纤维全部使用的状态。因此，还不如在每一组练习中，尽可能达到接近于力竭的状态。对于肌力训练来说，相比“连续剧”，若能像“一次完结的电视剧”那样会更好。这样才能产生“感人的结局”，也就是出现更大的效果。

如果做更有耐力性质的训练，有时就会达到与“疲劳困惫”的原意相近的状态。比如像400米全力跑那样的运动中，会达到更为全身性的力竭状态。但这种情况与肌肉的疲劳困惫说起来是不一样的。如果说是想要提高耐乳酸能力，或者想要加强最后的坚持能力，那么当然用需要全身投入的训练更好。但是，像长跑那样需要全身耐力的竞技项目，不一定需要肌肉的力竭。耐力项目的训练是否也要达到力竭，应根据目的而定。

101 推举和飞鸟练习的训练效果差异是什么？

杠铃卧推和哑铃卧推练习是在通过胸部肌肉将肩旋转的同时伸展肘关节的复合关节动作。而飞鸟练习则是仅将肩向内水平旋转的单关节动作。

在日常生活的动作和体育动作中，单关节动作是不存在的。也就是说，在提高推的竞技能力这一点上，将上肢和肩连动起来进行的推举类练习更为重要。

只是，在进行推举练习时，有时会出现胸大肌仍有余力，因肱三头肌和三角肌出现疲劳而使运动能力下降的情况。这种情况下，应该在进行完推举练习后，再通过蝴蝶机练习进一步刺激胸大肌。因此，从原则上来讲，蝴蝶机练习只不过是一种辅助性的练习。

在用哑铃进行飞鸟练习时，如果没有肘关节的连动就会引发关节疼痛。此外，适度地弯曲肘关节还能够扩大胸的可动域。也就是说，由于使用哑铃进行的飞鸟练习可以认为是复合关节动作，所以它的效果要比蝴蝶机练习要好。

飞鸟练习被认为是锻炼“胸的内侧”的训练。但实际上，解剖学上目前还并不完全清楚胸部肌肉到底是什么样的。如果是由一根肌纤维从胸的一端连结到另一端的话，那么说胸的内侧会长肌肉，或者说外侧会长肌肉，都是不可能的。是否真的是由一根肌纤维连结而成的呢？虽然这个问题看起来很简单，但目前还没有弄清楚。关于对猫的肌肉进行的研究报告称，在肌肉很长时，肌纤维会在中途结束，并在那里由其他肌纤维完成连结。而如果肌纤维从中途开始换成了别的肌纤维，那么经常进行使用胸大肌内侧肌纤维的运动，就可能会引起内侧的肥大。

从经验上来讲，经常进行飞鸟练习的人，其胸内侧的沟会更深。虽然目前还无法做出明确的判断，但是认为飞鸟练习能够使胸内侧肌肉增加的说法，好像并不是完完全全的谎话。

102 重量堆积式组合器械与气压阻力器械的差异是什么？

在堆积起来的金属板上，通过插入插针进行负荷调节的重量堆积式组合器械，是最为流行的训练器械。气压阻力器械就是像在自行车上打气一样的东西，它使用的是将空气压缩时的阻力。如果加入里面的不是空气而是油质，就会成为油压阻力器械。油压阻力器械的工作机制虽然与气压阻力器械相同，但是由于油的黏性比空气大，所以阻力也会更大。另外，还有一种训练器械被称为电磁阻力器械，它是通过施加电磁性的制动来增加负荷的类型。

重量堆积式组合器械虽然是最为原始的，但它能够以与自由重量相似的形式对肌肉施加最直接的负荷。而使用流体阻力的气压式、油压式器械以及电磁阻力器械，虽然在推压时存在阻力，但一旦离开阻力就会消失。由于负荷不会因重力而降落，所以不会出现离心收缩（请参照问题 43）动作。

在使用阻力类器械进行推压动作后复位时，需要使用对侧的肌肉——拮抗肌（请参照问题 60）进行拉拽的工作。虽然存在只能进行短缩性收缩训练的缺点，但还具有可以同时进行推和拉两种训练的优点。另外，像游泳以及划船等以流体为对象发出肌力的竞技项目运动员来说，通过使用流体阻力器械以及电磁阻力器械，可以培养更具有实战能力的肌力。

使用气压阻力类器械，由于没有离心收缩的动作，所以不易发生肌肉损伤，也就很难发生肌肉痛。对于初学者、中老年人以及讨厌肌肉痛的人来说，这可能是很大的优点，但相应地，也会造成训练效果的降低，所以对于想要不断增加肌肉的人来说这类器械并不适合，而重量堆积式组合器械可能会更好。对于要更彻底地增加肌肉的人，使用自由重量还是最好的。

103 取巧训练（Cheating）的效果是什么？

由于 Cheating 是“欺骗”的意思，所以取巧训练就是使用反作用力，或者使用目标肌肉以外的肌肉将负荷上举的练习。相反，不使用反作用力上举的练习被称为 Strict（“严格、严密”的意思）（严格训练），是举重训练的基本形式。

由于取巧训练会借用其他部位的力量，所以可以支配更大的重量。虽然也会因此而出现相应的肌力提高效果，但同时会存在如何与其他肌肉进行力量分配的问题。比如，本来应该是通过屈臂练习训练上肢，但实际上负荷是通过腿和背部的肌肉完成的，所以对目标肌肉没有锻炼意义。

具体来说就是，在严格训练中只能举起 40 公斤杠铃的人，通过屈腿以及使用背部肌肉的取巧动作，就能够举起 70 公斤的重量。而这时的问题是，对上肢肌肉的使用是否比使用 40 公斤杠铃进行严格训练时更多。如果在进行取巧练习时，腿和后背完成 50 公斤，而上肢完成 20 公斤的话，那么与严格训练举起 40 公斤杠铃时相比，上肢只使用了一半力量。对于这种情况，可以认为它是取巧过度。

但是，在举起 70 公斤杠铃时，如果上肢使用 40 公斤的力量，并能够很好地承受着负荷进行下放动作，那么在伸张收缩（请参照问题 43）的阶段就可以使肌肉非常强有力地工作。因此，如果能进行这种高明的取巧训练，就能对肌肉施加比严格训练更大的负荷。

取巧训练和严格训练应根据训练目的而分别使用，所以，并没有哪个更好、哪个不好这样的区分。只是，就像前面所说的，如果是不太懂训练的人，若只是为了举起很重的物体而进行取巧训练，那么他获得的效果不仅会比想象的差，而且还可能引发伤病。因此，起步阶段从严格训练开始，并在了解训练知识和动作姿势定型后，再使用取巧训练可能会更好。

另外，具有瞬间发出很大肌力性质的取巧训练有时可能会引发伤病，所以进行过长时间的持续练习并不可取。非常重要的是，应将取巧训练仅作为严格训练的应用，并将它们灵活地分别使用。

104 将全身分成两部分在不同日期分开训练时，以“上半身与下半身”分开和以“拉与推”分开哪一种更好？

根据部位的不同而在不同日期分别进行训练的方法被称为常规分割法。

若从简单的角度来设计，分作上半身和下半身还是更容易一些吧。如果在同一天进行卧推练习和深蹲练习，不仅训练量会很大，而且还会增加心理压力。而作为结果，有可能将精力更偏向于某一部位。另外，还可能出现因对下肢训练的过分努力，从而造成在上肢训练之前就出现疲劳的状况。但如果只是“今天做卧推练习，明天做深蹲练习”，就可能舒服很多。

只是，不用过于考虑如何在 1 天内对拮抗肌（请参照问题 60）都均衡地进行锻炼。虽然均衡是很重要的，但只要以长远的眼光来看就可以了。

如果将抓举、高翻等动员全身爆发力的项目组合进去，那么就可以认为它是下半身的训练日。这种练习，最好是在下半身练习日中的开始阶段进行。也就是说采用顺序应该是，在进行充分热身运动后，首先进行高翻练习，之后再进行深蹲练习。

若采用“拉和推”这样的分开方式，会难以制定下半身训练内容。这是因为，在进行下半身练习时，会不可避免地造成推（蹬伸）的训练量很大，而拉（屈曲）的训练量很小，因为像组合器械上仰卧屈腿这样的练习是很小的运动。而屈髋练习，则是更趋向于腹肌群的运动。因此，如果按这种方式分割成两部分，会造成非常不平衡的状态。

并不是说分成“上半身和下半身”进行训练就是正确答案，而分成“拉和推”进行训练就是错误答案。其实，只要按自己感觉更容易实施的方式进行训练就可以了，而且，偶尔换另一种方式进行训练也未尝不可。

105 弹力带训练的优点与缺点是什么？

优点是不用选择场地就可以进行训练，而且价格便宜。此外，由于弹力带起始阶段几乎不存在阻力，且阻力是随着弹力带的拉长而逐渐增大的，所以能够在出现疲劳时随时停止，同时也适用于康复训练。

还有，只要调节弹力带的长度，就能很容易地改变阻力。如果缩短它，那么从开始阶段阻力就会很大，而如果将它放长，那么在起始阶段就能很轻松地拉长，能够自由地调整负荷也是它的优点之一。

但它的缺点是与它的优点并存的。弹力带在开始阶段并没有负荷，其阻力会随着弹力带的拉长而逐渐增加，但这与实际体育运动中肌肉用力形式完全相反。在体育运动中，更多的情况是在动作开始阶段或者在中段之前发挥最大力量。虽说这也会因动作的不同而有所区别，但几乎没有哪种动作是越到后段用力越大的。

另外，在动作的后半段突然加大力量，会很容易造成血压上升。与使用同样大强度的器械力量训练相比，它会对血压产生非常大的影响。所以，在负荷变得很大的最后阶段，最好还是不要过分地努力。把它理解成不需要咬牙切齿努力的训练，轻松地完成可能会更好。

如果最终目的是为了提高肌肉力量，那就没有必要刻意选择弹力带训练，应该尽可能选择杠铃、哑铃或器械训练器材进行训练。无论如何，除了像康复训练等特殊情况之外，弹力带训练并不是最好的选择。

106 有效的弹力带训练方法是什么?

为了更有效地进行弹力带训练，首先有必要了解它的特性。

就如同在问题 105 里说明的那样，在使用弹力带训练时，负荷是随着弹力带的拉长而逐渐增大的。但在很多运动中，往往是最初阶段使用很大的力量，而后是相对放松着利用惯性来完成动作，所以此类运动使用弹力带训练效果是完全相反的。在游泳、划船等以流体为克服阻力对象的运动中，在最后阶段需要一股直接作用的力量，因此，在这类项目中，弹力带训练的这种负荷形式有其利用价值。

弹力带训练的另外一个优点，就是它“对身体的柔和性”。突然急速地增加负荷会有受伤的风险；而弹力带是缓慢地增加负荷的。如果认为不能够进一步拉长它就可以在这个地方随时停止。将这些优点和缺点充分理解后，再看看如何进行组合吧。

弹力带可以使用关节可动域的全部。只是，虽然在开始阶段到中段可以很轻松地完成，但在之后负荷会逐渐加重。如果在这时形成像挣扎那样的状态，那么非但不能获得效果，反而还有可能造成损伤。所以，在练习时有意识地使用正确的形式拉到最后才是最为重要的。

至于具体的次数，“将 10~20 次的动作实施 3 组”可能是最为基本的。因为与标准的自由重量练习相比是相对轻一些的运动，所以并不太适合针对大肌肉的训练。相对而言，它的主要训练对象是被称为深层肌肉和稳定关节的肌肉。

对于想通过弹力带尝试各种类型训练的人，建议采用附有手柄的弹力带。如果将弹力带挂在脚等其他部位，它就可以转化成卧推、深蹲、划船等练习器械。

如果想进一步增加负荷，就再买一条同样的弹力带变成双重就可以了。虽然把弹力带缩短也确实可以加大负荷，但这样的话会造成只有在进行牵拉动作时使用很大力量，而整个身体几乎无法动弹的非常拘束的训练，而这是没有太大意义的。总而言之，在进行弹力带训练时，要设法利用好弹力带的特点，充分动用肌肉和关节的可动域，并避免力的变化过大。

107 将人体作为负荷训练的优点与缺点是什么？

说到训练，首先联想到的可能是杠铃和哑铃。杠铃和哑铃之所以会形成那种形状，主要原因还是为了能够更容易地举起很大重量。如果是同样重量的石头可能就举不起来了。当将物体举起或挥动时会出现重心位置、手握部位等并非只由重量决定的其他要素。而杠铃和哑铃是将各种影响因素消除后形成的外形。

如果从这一点来考虑，将人举起是非常困难的事情。因为，每个人的外形并不一样，而且还会因为手足的动作造成重心位置的变化。所以，在进行普通的提高肌力训练时，从舒适性来讲，杠铃和哑铃还是具有压倒性优势的。

只是，若是从事像摔跤那样以人为对象的竞技项目，就是另外一回事了。采用不易举起的物体作为负荷进行上举下放的练习方式，反而更容易锻炼实战性的肌肉。当将人作为负荷时，除了为举起而使用的主动肌以外，还要使用为了稳定关节而工作的深层肌肉。由于是利用各种各样的肌肉，在维持负荷平衡的同时进行上举和下放动作，所以对以人为对手进行身体对抗的运动项目来说，获得正面效果是可以充分期待的。

同时，以人为负荷进行训练也存在着缺点。首先，由于是将活生生的人抬起，所以就不能进行过分的抬举方式。此外，即使

是同一个深蹲练习动作，当分别以杠铃或人作为负荷时，站起时使用的肌肉是不同的。当使用杠铃时会使用竖脊肌等背部肌肉，但在背着人或让人骑着进行深蹲练习时，会使用腰部力量和下肢肌肉，而背肌并不会被使用到杠铃的那种程度。因此，在使用人作为负荷时，即使目标与杠铃练习一样都是同一部位肌力的提高，有时也不能获得自己所期待的那种效果。因此，应该将二者视为不同的训练，并很好地组合起来进行练习可能更好。

108 在青春期做什么样的训练好?

所谓的青春期，也就是成长期，是生长软骨（骨两端的部分）快速生长使骨长度增加的时期。由于生长软骨柔软，且具有在受到冲击时很容易被压碎或因错位而损伤的特征，所以，明智选择是在这个时期避免对骨施加很重的负荷。

但是，并不是说完全就不能施加重量负荷，只是说使用极大的负荷重量，或者过大的训练量是危险的。特别是背负负荷的动作，由于它有影响腰椎生长软骨成长的危险性，所以最好避免进行背负很重杠铃的深蹲等练习。

此外，还要注意的是跳跃类训练。在这样的练习中，即使是使用很轻的负荷，在瞬间也会形成很大的负荷。虽说一次的时间很短，但如果反复进行多次的刺激，也是有可能造成损伤的。在初中学生中常见的骨软骨炎（会在膝盖骨下方肿起并发生疼痛），也主要是由于反复进行跳跃动作而产生的膝盖生长软骨损伤。

若从对肌肉进行刺激这一点来讲，当然是进行深蹲等练习会更好，只是最好还是缓慢地进行。适宜的负荷不是一般情况下采用的1RM（请参照问题40）的80%，而是与中老年相同的1RM 的50%~60%。此外，即使在这种情况下，还要注意防止练习过度。至于训练的频度，可以采用非常普通的一周2~3次。

对孩子们进行运动指导的人，需要注意深入地观察孩子们身体的变化，在身高迅速增长的时期，应该充分考虑避免发生过度训练。有时，孩子们的身高会在一年内甚至能够增长10厘米（青春期冲刺阶段），而如果在这个时期过分地对骨施加很强的压力，那么发生损伤的危险度就会大幅度增加。

生长软骨的生长，一般会在青春期结束的同时结束。而在身高增长最快的时期过去9个月至1年之后，即使施加非常大的负荷也不会出现什么影响。

109 通过意想能使肌力提高吗?

并不能说意想与提高肌力完全没有关系。在一般情况下所说的“最大肌力”，并不是“将肌肉能力100%完全动用”的状态。由于中枢神经的某种制动工作，人是无法将自己所有力量全部发挥出来的。

有实验结果表明，施加催眠术会使肌力上升。此外，使用兴奋剂以及觉醒剂也会使肌力上升。这可能是因为抑制中枢神经制动工作的缘故吧。如果将意想训练看做是自我催眠，那么做好了就很有可能促进最大肌力的提高。因此，若说提高5%、10%，并不是没有可能的。

但提高的上限只是目前拥有的肌肉大小所对应的肌力，并不会出现超过它，甚至增加到2倍、3倍那样的情况。

在负重训练的现场，经常能听到“请将注意力集中到使用着的肌肉上”。这可能也是与催眠术效果相同的东西。因此可以认为，将注意力集中于使用着的肌肉上，是可以提升训练表现的。

但是，是否应该将注意力集中于某一肌肉进行训练，会因项目的不同而发生变化。在使用自由重量时，特别是使用像哑铃这样的物体进行稳定性肌肉（稳定关节的细小肌肉）的练习时，与其将注意力集中于特定的肌肉，不如将注意力集中于是否完成了正确的动作上。

相反，在使用被称为“身体局部训练机”的组合训练器械进行腿部伸展以及屈臂等练习时，由于是以局部肌肉为锻炼目标，所以将注意力集中于那一个肌肉可能会更好。

是自由重量？是器械？还是以关节稳定性为目标进行的训练？这些都会使注意力的集中方式发生一些改变。因此，并不能说在所有的训练中一定要将注意力集中于正在使用的肌肉上就是正确的。

110 防止训练中“适应”的方法是什么？

这是谁都要碰到的问题，如果持续进行同样的训练，在3~4个月后身体就会适应，肌力增长也会出现停滞。

为了避免这种现象，进行周期化训练是非常重要的。周期化训练并不仅仅是针对比赛而将训练周期分为几期，改变着强度和量进行的训练。从广义上来讲，周期化训练是指将训练计划和训练方法每隔一定时间变换着进行的训练。

即使训练的方法和项目相同，只要将风格稍微进行一些变化也是可以的。比如，在某一时期进行完全不使用反作用力的严格训练。在认为无法再通过这种方式得到提高时，再进行使用反作用力的取巧训练（请参照问题 103），以便能够举起更大的重量。将这样的训练持续一段时间后，再回到严格训练中来。将这样的变化尝试着每隔 3~4 个月进行一次。

对于进行了长时间训练的人来说，肌力训练就好像成为了生活的一部分，所以一般都不太愿意在方法上进行很大的变动。但越是这种情况，就越需要进行一些改变。就算仅仅是进行举重风格的改变，也能使可支配负荷发生变化，而对肌肉的刺激也会出现非常大的差异。将严格训练和取巧训练以 4 个月左右的周期进行了变换，这种方法对于防止“训练的适应”来说，可能是最为简单的方法。

此外，还有改变训练项目排列形式的方法，以及在像慢速训练（请参照问题 85）那样的训练中改变上举速度的方法。

无论选择什么样的方法，相对于将同样的训练进行半年，

稍微改变风格进行训练会使肌力的提高幅度更大。很多研究显示，在最初的 3 个月使用稍轻的负荷进行严格训练，之后在接下来的 3 个月里进行重负荷练习的实验组，与从开始就一直只使用重负荷练习的对照组相比，从最终的成绩提高幅度来看，前者更大。

111 肌力训练与竞技动作结合起来更好吗?

答案是相反的。从基本上讲，不结合可能更好。这是因为，被称为基本训练的卧推、深蹲等动作与竞技动作相比有很大的区别，而这些动作却是安全地对胸大肌和股四头肌进行训练的最好形式。

由于在实际比赛中需要瞬间发力，因此在第二阶段最好进行比赛中的肌肉使用方法、用力方法的训练。即在肌肉能力提高的基础上，再进行比赛动作本身的训练。但这仅仅是技术练习而已，应避免再额外地增加负荷。如果是棒球项目，那么投球就是最好的方法。

古巴的棒球队在投球练习中采用的球好像要比正规用球重 10 克左右。如果日本人采用这种球进行训练，会被认为易导致肩部受伤。虽然仅仅是负荷增加 10 克，但这却是只有肩部力量很强的人才可能进行的训练。因为，在进行将关节和肌肉功能发挥到接近于极限的动作时，即使增加很小的负荷也可能很快引起损伤。

此外，还有是否可以在练习中用棒球投球姿势投掷比赛用铅球的问题。很明显，这两种竞技是完全不同的形式。这表明，在比赛动作中如果增加了额外的负荷，那么这个动作会变成与原来不一样的动作，而这还可能会导致技术变差。这是与我们的目的完全相反的效果。基于同样的理由，拉着轮胎跑的训练，也可以说没有多少意义。

比赛动作的训练，一定要在与比赛相同的状况下，以动作的改善为目的进行。因此，与比赛结合起来的肌力训练是不可行的。

在名为《巨人之星》的漫画中，出现了叫做“造就大联盟运动员的石膏”的东西。这从构思来说是不错的。它不是仅仅在末端增加负荷，而是在全身都增加负荷，从这一点来说，如果很好地使用，可能不会造成负面影响（在使用重球时，是只在末端增加负荷重量，因此很容易引起身体疼痛）。在设计训练时，首先要考虑到每一个细节，如在强的关节处用强的发条，在弱的地方用小的发条，等等。然后，进行训练时，再由眼力高的人一次次认真地判断着动作的好坏，如“刚才的肌肉使用方法好”，“刚才的动作不对”等，这才有可能获得想要的训练效果。上述漫画书中成功的训练，一定也是由于父亲（星一徹）优秀才成为可能的吧。

112 训练中的姿势会改变训练效果吗？

这个答案是“YES”。

首先，在使用杠铃等自由重量的训练中，在举起负荷的同时，为了保持平衡，会使用各种各样的肌肉来整顿姿势。反过来说就是，为了维持正确姿势而工作的肌肉也同时得到了锻炼。

即使是同样的练习，由于采用的脊柱姿势、杠铃握距以及足间距的不同，效果会出现明显的差异。而为了获得某种效果，有时还会采用与平时训练不同的具有针对性的练习姿势。

另外，在器械训练与姿势的关系方面，主要在于是使用什么样的器械。如果是将身体的大部分固定，只有特定肌肉进行运动的器械，那么就没有必要刻意考虑姿势。相应地，也就不会出现用于维持姿势的相关肌肉的训练效果。

只是，从最近的研究了解到，即使在器械训练中，很小的姿势改变以及注意力的改变，有时也会出现肌肉使用方法的变化。

比如在器械上进行腿部伸展练习时，将臀部稍微向前突出的情况下将负荷举起，会使髋关节进行伸展工作，形成与腿部推举练习相同的动作方式。这样，作为主动肌的股四头肌的使用方式也会发生变化。

此外，我们还了解到，同一个人用同样的姿势进行器械训

练时，其注意力集中部位的不同，会使肌肉的使用方式发生很大的差异。如在一样的腿部伸展练习中，进行有意识的上踢动作，和有意识地将球踢得更远的动作，所使用的肌肉好像会全然不同。也就是说，训练指导者指示的微小差异，有可能会造成进行同样的器械训练却出现完全不同的效果。

因此，即使是简单的器械训练动作，也有正确的姿势和正确的注意力集中方向。如果指导者对“正确”的解释含糊不清，或者各式各样，那么训练效果也可能会出现很大的偏差。因为这个道理是好不容易才得到的，所以可能有必要非常严格地规范各种器械的使用方法。

113 什么样的训练是不应该做的?

一个是“想当然”的训练。应该避免进行像“如果做这样的运动，就可能会成为训练吧”等用外行的思考方式进行运动，使肌肉承受不自然负荷的事情。虽说如果拥有关于训练的卓越知识是另外的话题，但在多数情况下，不仅不能获得训练效果，而且还有很高的引发伤病的危险性。

由自己编出训练方法进行练习等事情是应该避免的。特别是在临近比赛时，如果将这样的训练纳入训练计划中，有时可能会引起致命错误，所以一定要非常注意（请参照问题 127）。

另外一个是在竞技动作上直接加上负荷的训练（请参照问题 111），这也会成为引发伤病的原因。

总之，最好还是不要采用训练手册中没有记载的训练方法。频繁出现伤病的训练方法，一定会在某个时候被淘汰掉。也就是说，经历了长时间而留下来的练习项目，一定存在着相应的效果。所以，首先要注意好好练习训练书籍上记载的基本练习项目。

典型的例子是兔跳练习。这个练习是在膝盖超出踝关节的状态下进行深蹲，然后突然跳起的动作。即使从解剖学上来看，这也是明显对膝盖造成很大负担的运动。将在半蹲状态下进行的跳跃作为提高弹跳力的练习是没有错误的，只是这时不应该进行深蹲动作。也就是说，仅仅是动作形式的微小改变，有时会使好的训练变为不好的训练。

训练要忠实于“基本”。如果能够身体力行的话，最起码不会犯大的错误。与其考虑“什么样的训练是不应该做的”，不如好好地进行“可以进行的训练”。

114 只做推的训练会使拉的力量衰退吗？

虽说不会出现积极性的衰退，但如果只是锻炼推的力量，而完全不做拉的训练，那么会因二者差距的增大，逐渐使均衡性受到破坏。

只是，在基础性训练中发出推力时，拉力也会同时发挥出来。以腿部伸展练习为例，在将股四头肌作为主动肌使用的同时，为了稳定膝关节，用于屈曲膝盖的大腿后群肌也会同时被使用。

像这样，可以认为随着推力的增强，拉的力量也会为了维持关节的稳定随之增强。也就是说，加强推力的训练本身也会成为锻炼拉力的训练。

但是，如果是使用器械的训练，那就另当别论了。在举起器械的负荷时，是没有必要自己制造动作轨迹的，所以只会对主动肌充分地使用。因此，虽然主动肌会很发达，但是维持关节稳定的拮抗肌（请参照问题60）反而会向抑制工作的方向发展。就像“拮抗肌是累赘，所以就让它老实地呆着吧”这样，有可能会造成神经系统的适应。如果变成这样，弄不好可能会造成拉力的衰退。

如果拮抗肌的平衡受到破坏，那么当然就会容易受伤。所以，最好避免进行过多的、违反自然的肌肉锻炼方法。即使在使用自由重量时，如果忽视了拉的训练，那么因均衡性受到破坏而造成相对力量下降也是不言而喻的。关于这一点也是需要注意的。

在使用自由重量时，除了主动肌以外，还有很多其他肌肉微妙地紧张着完成动作。与此相对，在使用器械时，只是会增加使用主动肌的技巧。所以，不只是推力和拉力的训练，认识到使用器械和自由重量的训练是根本不一样的训练，并很好地将它们组合起来用心进行训练可能会更好。

115 不易锻炼的肌肉（小腿前面、前臂的上部等）怎么办才好?

如果一定要锻炼不易锻炼的肌肉，那么肯定会有着自己明确的目的吧，锻炼方法也会因目的的不同而发生变化。

首先是位于小腿前面的胫骨前肌，它是普通人并不怎么在意的肌肉，但如果是足球运动员或者是格斗家，那就另当别论了。

由于小腿周围在进行这些运动时会承受相当大的负荷，所以可能会有很多人想要进一步对其强化。以前，我也曾踢过足球，而在进行长时间持续的踢球练习时，还出现过因小腿肌肉疲劳而造成脚踝无法恢复原状的情况。

像胫骨前肌那样不易锻炼的肌肉，也可以说成是不容易对其施加负荷的肌肉。所以，如果是想要对其进行积极的锻炼，那最好的方法是下工夫通过某种形式对其施加负荷。很常见的方法是利用缆绳器械进行的练习。先用毛巾将绳索上的握柄部分包成圆形，并在那里放入脚尖，坐下，然后挂上负荷进行踝关节屈曲练习。这个练习若进行 30~40 次就足够了。从肌肉类型来说，相比短跑型的快肌纤维，人类的胫骨前肌是马拉松型的慢肌纤维更多的肌肉。所以，相比高负荷下用力的训练，更好的方法是采用低负荷，并以增加次数的方式进行训练。

锻炼了胫骨前肌，就能够使脚尖很好地上抬，而这对预防高龄者绊倒是非常有效的。即使只是坐在椅子上，在没有负荷的情况下进行踝关节屈伸练习，也会成为很好的训练。实际上，在以高龄者为对象的增肌教室中，一定会加入这个项目。

前臂上部的肌肉确实也是很难变粗的肌肉。由于这个部位是容易受遗传因素影响的部位，因此，是不是容易变粗，从出生时就在一定程度上已经决定。与胫骨前肌一样，它也是耐力要素很高的肌肉，所以若想积极地进行锻炼，那么最基本的还是“低负荷、高次数”。将正向屈腕类练习、反向屈腕类练习，细心地持续进行 30~40 次看看吧。

由于这些肌肉在日常生活中无休止地进行活动，所以即使进行训练也不容易出现明显的训练效果。因此，对于不容易锻炼的肌肉，不要焦虑，请耐心地让它逐渐变粗吧。

116 如何提高弹跳力？

这是非常难的问题。关于如何提高弹跳力的研究，在很久以前就开始了。例如，曾有个实验，就是将年轻人集中起来分成3组，分别实施不同的训练内容，实验持续时间为3个月。第1组只进行垂直跳练习，第2组只进行负杠铃深蹲练习，第3组只进行等长收缩训练（请参考问题90）。其中，等长收缩训练采用的姿势与跳跃姿势相同，是相对于地面发出最大力量的等长收缩训练。

3个月后，会是哪一组提高的最多呢？

答案是第1组。如果以此下结论，那么全心进行跳跃练习是提高弹跳力最好的方法。

但是，仅仅这样就没有多少价值。于是，在进行的第二个实验中，让第1组只进行跳跃练习，第2组进行跳跃和深蹲练习，第3组进行跳跃和等长收缩练习。这次会是什么样的结果呢？答案是第2组提高得最多。

从这件事情可以看出，若只能选择一种训练方法，那么就要选跳跃练习。但最好的方法是“复合式训练”。也就是说，在进行最基本的肌力训练的基础上，将顺利使用这些肌肉进行的真实跳跃练习组合起来就可以提高弹跳力。虽然前面说如何提高弹跳力是一个很难的问题，但答案意外地很简单吧。

在进行了组合训练的基础上，若想要进一步提高弹跳能力，超等长训练可能是最为有效的。这种方法是利用了“肌肉在收缩之前被快速地拉长，就可以发挥更大的力量”这一现象。这是一种类似于从台子上面往下跳，在接触地面的一瞬间迅速向上跳跃的训练方式，也被称为拉长-缩短循环（Stretch-Shortening Cycle·SSC）训练。若多次重复进行将肌肉急速拉长再迅速缩短这种练习，就会感觉像在肌肉上加了增压器那样，促进弹跳力的提高。

即使是有了增压器，但并不是说能够跳到无限的高度。确实，理论上并没有弹跳力的上限，但若想让纵跳达到 1 米的高度是非常困难的。对此在以前曾进行过计算，对于一般体型的人来说，如果纵跳要达到 1 米，那么双脚下压地面的力量就必须达到 600 公斤左右。虽然从生物力学的角度来说，人类纵跳的平均值为 60 厘米，最高纪录为 160 厘米，但在现实中，1 米以上的纵跳高度可能已经接近于人类的极限。而从计算来看，如果是 80厘米左右的高度，那么是谁都能够通过训练达到的跳跃高度。因此对于想要跳得更高的人，请将目标定为 80 厘米去努力吧。

117 如何维持已经获得的肌力？

肌力的下降速度大体上是确定的。

举例来说，从来没有训练经验的人若进行 3 个月的训练，其肌力会增加约 15%~20%。那么，之后会以什么样的速度下降呢？答案是，下降速度与增长速度几乎是一样的。也就是说，通过 3 个月增长的肌肉，如果从此不再进行运动，那么会在 3 个月后恢复到原来的状态。

只是，这种速度还会因为每个人的训练经历而发生变化。已经进行了 10 年训练的人，如果停止了训练，其肌力并不会在 3 个月的时间里回到原来状态。也就是说，积累的训练经历越长，那么肌力下降的速度也会相应地减慢。当然，并不是说如果训练了 10 年，那么停止训练后的前 10 年就安然无恙了。如果完全停止训练，那么肌力会随着时间的流逝而逐渐衰退。

有数据显示，如果想要维持已经获得的肌力，那么以每周一次的节奏进行训练就没有问题。但是，如果只是使用能够举起 30~50 次那样的轻负荷进行训练，肌力仍会逐渐下降。因此，需要设计使肌力能够得到很好发挥的相应负荷，并在每周进行 1 次的训练计划。

如果不断进行在有些局面需要很大肌力的竞技运动，那么维持一定的肌力还是有可能的。但是，肌力训练与竞技运动在肌力使用方法上存在着不同。此外，竞技运动还会出现明显的使用肌肉和非使用肌肉，这有可能会造成因肌力平衡受到破坏而容易发生伤病的情况。因此，即使从身体调整的角度来考虑，在进行竞技运动的同时，按着一定的节奏进行肌力训练可能会更好。

118 将头部上抬的腹肌练习、将腿抬起的腹肌练习和使用器械的腹肌练习，效果不一样吗？

是不一样的。

首先，虽然将头抬起的腹肌练习被称为“仰卧起坐练习”“躯干卷曲练习”，但这种练习会因姿势的不同而使腹肌的使用方式发生变化。最近的规范动作是，将后背圆滑地弯曲、不怎么抬起上体，并在腹部格外用力，将注意力集中于肚脐周围的方式。这样练习相对来说会更加纯粹地使用腹直肌。

如果是完全将上体抬起的“仰卧起坐”，那么还会额外地使用腿部的力量进行屈曲髋关节的动作。因此，这种练习不仅会使用腹直肌，而且还会较多地使用大腿中央的肌肉（股直肌）。另外，由于这种类型的练习动作要抬起很重的头部，所以会对腰椎

造成负担，因而有引发腰痛的危险。

而针对腹肌进行的将腿抬起的“举腿练习”，就可以克服这样的缺点。因为，下半身的前端较轻，所以对腰部造成的负担就会减少很多。如果特别想要锻炼腰大肌这样的深层肌肉，那么选择将腿抬起的练习要比将头部抬起的练习更好。

此外，如果是进行像悬在杠上将腿抬起的“垂吊举腿练习”，会由于负荷的大幅度增加而使训练强度提高。因此，对于想要更彻底地锻炼腹肌的人，可以努力尝试将其纳入训练内容中来。

器械的使用目的，是为了更加安全地进行训练。采用错误的姿势进行仰卧起坐——特别是让人坐在膝盖上面等形式进行的——会使受伤的风险大幅度增加。在这一点上，由于好的器械是被设计成不使腰发生疼痛的结构，所以因惧怕发生腰痛而不安的人，选择器械可能也是不错的。

119 比赛前，应该在什么时机结束负重训练?

这是很难的问题。可能并不存在所谓的最佳答案。因为，运动员本身的特点、训练者的负重训练方式以及训练的目的等因素，都可能会使答案发生改变。

比如，某一橄榄球强队，在冬季期间会扎实地通过负重训练锻炼身体，然后在交流比赛开始的春天之前会完全切换为耐力训练。

但并非所有的运动队都是这样的。也有在进行有氧训练的同时，扎扎实实进行负重训练的运动队。而且，即使进入了比赛期，他们仍以每周 1 次的频率进行训练。因此，并不能说哪一种方法就是正确的。他们都会有各自的想法，而有各种各样的类型也是可以的。

但是，从调整的角度考虑，在比赛的前一天以及再前一天应该避免负重训练。如果认为这是非常重要的比赛，那么在比赛前 3 天不进行训练可能更好。若是每周都进行重要的比赛，可在 1 周的中段进行 1 次负重训练。日程表大概是应该以这样的形式安排的吧。

并没有“在比赛期最好不进行负重训练”这种说法。如果考虑状态的调整，也有人认为反而是进行负重训练会更好。而大联盟的运动队中，在赛季仍进行负重训练的人好像很多。由于赛季很长，所以可能还有维持肌力的目的吧。另外，也有运动员相信，这样做会使比赛中受伤的情况减少。

也许，与其想着在多久之前停止负重训练，不如考虑在 3 天前不进行负重训练，这种想法应该更好吧。

120 怎样才能使深层肌肉和浅层肌肉很好地运动？

处于身体内侧的深层肌肉和处于身体外侧的浅层肌肉，是应该通过普通的动作连动起来进行锻炼的。

在又大又强的浅层肌肉进行活动时，会对关节等部位造成很大的负荷，而为了稳定关节，就需要深层肌肉进行工作。也就是说，在跳跃、奔跑、投掷等各种类型的运动中，只有深层肌肉连动着工作才能完成稳定的运动。但是，在肌力训练中，特别是在进行锻炼部位只集中于一部分肌肉的器械训练时，只使用浅层肌肉而不使用深层肌肉的情况会很多，而这会造成深层肌肉输给强大的浅层肌肉，甚至有时还会因此而引发损伤。

那么，怎样做才好呢？推荐的是自由重量训练。进行自由重量训练时，由于需要自己制造运动轨迹，所以必须在对关节的活动进行控制的情况下进行举起负荷的动作。也就是说，会自然地使浅层肌肉的活动和深层肌肉的活动连动起来。基于同样的理由，使用形状像壶形的被称为“壶铃”的哑铃进行训练也会有不错的效果。壶铃具有难以取得平衡且较难举起的形状，努力地进行对它的上举下放练习，就能获得利落地制造运动轨迹的同时将力发出的能力。此外，像在平衡板上取得平衡的同时进行发力的运动等那样，只要用心，还可以进行各种各样的练习。总的来说，最好不要仅满足于相对容易的器械训练，而是要适当地回到传统的训练方式上来。

对于从事竞技运动的人中，说不定有些人会为了强化某一特定动作，而要进行深层肌肉的专门练习。虽说在深层肌肉显著低下的情况下这也是可以的，但从战略性的角度来讲可能并不妥当。比如，在足球运动员想要强化踢球力量时，虽然采用具有强化腰大肌等深层肌肉作用的弓箭步类练习也是可以的，但总的来说，反复进行踢球的基本技术练习还是最为重要。因为，在进行踢球动作时，如果完成了希望使用的肌肉的连动，就会促进希望使用的肌肉发达，也就会对竞技表现产生影响。而对深层肌肉的发达，应该只是将其看做因踢球训练附带着得到加强的结果。

121 肌肉松弛下来有什么好处?

第一个优点是，肌肉紧张的消除可以使人拥有能够安详入眠的身体状态。如果是全身肌肉紧张的状态，那么即使在夜里也是无法入眠的。而失眠是病的根源，也是肌力下降的根源。

另外一个优点是，能够使动作更加顺畅。由于肌肉还具有维持姿势的作用，所以总是会保持着一定的紧张。但如果紧张度过大，那么一旦想要做出动作时就无法顺畅地做出来，从而形成像机器人那样生硬的动作。比如说，在想要伸展膝关节时，如果位于膝盖内侧的屈肌紧张，就会出现“疼疼疼”那样的感觉而无法完全伸直膝盖。对此，可以通过牵拉法或肌肉放松法（在对肌肉用力后再完全放松的方式来解除紧张的方法）来消除紧张。

在对前臂进行实验的报告认为，如果一直维持同一姿势，那么在 1~2 小时后会使肌肉硬度增加 1 倍左右。但如果做几次拉伸练习，就会很快恢复到原来的状态。因此，如果是因工作等原因需要久坐的人，最好在空闲时间站起来进行拉伸，能够消除肌肉的紧张。即使在运动或训练时，如果肌肉能够适度地保持松弛，那么还会具有扩大关节的可动域，从而起到预防损伤等作用的优点。

但是，并不是说随便让肌肉松弛下来就是好的。在运动时，如果能够很好地利用体内发生的反射以及因腿部全体紧张造成的硬度，有时还可以提高竞技能力。也有人主张，如果拉伸过度，就会使肌肉习惯于被伸长的状态，反而会使竞技能力下降。也就是说会变成那种散漫的肌肉，或者说变成对收缩和伸展迟钝的肌肉。在目前的情况下，由于还没有明确的数据，所以还不能下什么结论，但是如果让肌肉过度松弛，说不定真的会出现负面的影响。

122 深层肌肉发达程度会影响反应和反射吗?

深层肌肉是在位于表层肌肉的下面，从内侧支撑身体的肌肉。如果说表层肌肉是活跃在前台的演员，那么深层肌肉就是在后台起支撑作用的、类似于辅佐员那样的存在。

只是，这个辅佐员完成的确实是很好的工作。当关节突然受到急剧的外力时，它会出色地进行矫正，以维持姿势或者防患于未然。而促进这种工作的，其实是反射。

以小腿后群肌为例进行说明吧。就像在问题69触及的那样，小腿后群肌是由两个肌肉构成的。由于比目鱼肌位于腓肠肌的内侧，所以从小腿后群肌来讲，比目鱼肌属于深层肌肉。比目鱼肌

是肌梭（能够感知肌肉长度变化的感觉器官）数量很多的肌肉，当它被拉长时，会因肌梭的工作而在第一时间内发生反射，并进行为了不被拉长的收缩。这被称为“牵张反射”。在身体姿势突然要发生紊乱时，深层肌肉总是会进行通过反射尽可能消除紊乱的工作。

如果从这个原理来考虑的话，对问题的回答是“YES”。可以认为，如果深层肌肉发达且能够很好地发挥作用，那么很可能就会对维持姿势的反射能力以及回避受伤的反射能力产生影响。

而经常被俗称为“神经反射”的类似于迅速躲避飞来的球那样的反应，与深层肌肉可能并没有直接的关系。在运动中的快速反应，更多的可能是受对同一动作不断重复训练的影响吧。

123 事先进行拉伸会提高肌力训练效果吗?

首先在防止受伤这一点上，拉伸的效果是存在的。在没有进行拉伸的情况下进行训练，有可能会因肌肉兴奋过度而引发伤病。此外，通过拉伸来确保关节的可动域，还可能使训练更加安全。

但是，说它能使竞技能力提高，还是存在疑问的。从最近的研究结果来看，更多见的是与其相反的研究报告。这些报告认为，如果过分地进行拉伸，就会造成对肌肉拉长的敏感性降低。也就是说，有可能造成神经系统对肌肉调节能力的下降。

肌肉具有在受到牵张时进行抵抗的功能。“牵张反射”（请参照问题 122）也是这个机制的一种。如果肌肉习惯于缓慢的拉伸运动，那么它就会对拉长变得迟钝。也就是说，虽然看上去是变得柔软了，但由于在受到牵拉时不容易发生反应，因此，最终的结果是竞技能力的下降。

只是，竞技能力降低本身从某种意义上来讲，也许会与预防伤病相关联。这是因为，如果突然发出很大的力量，就有出现肌肉被拉断的可能性。不管怎么说，可以将拉伸的最大目的考虑为就是防止伤病。

如果进行了像巴西体操、跑步、跳绳那样具有拉伸效果的热身运动，那么可能就没有必要再特意地进行其他的拉伸练习，只要再轻轻拉伸那些在热身运动中没有被使用的肌肉就足

够了。而当使用有氧运动等来进行热身时，由于这样的热身运动并不能成为全身性的拉伸运动，因此进行稍长时间的拉伸可能会更好。

124 缠上胶带进行肌力训练不好吗？

缠上胶带进行肌力训练，好像有两个方面的目的。

第一个方面，是为了克服疼痛和伤病。对于要参加健美以及奥林匹克举重等项目比赛的运动员来说，如果不持续进行训练就会使肌力下降，从而使比赛结果受到影响。因此，有时会出现为了克服腕、踝等末端关节的疼痛而用胶带缠上进行训练的情况。但是，决不推荐在受伤的情况下还进行过分的训练。因为这样不仅会造成疼痛程度的增加和伤病治愈速度的变慢，而且还会使肌肉的使用方法本身变得不平衡，又或者在运动时因右手受伤而倾向于依赖左手，造成本来不疼的地方也出现疼痛。

在无论如何也要继续训练时，也许改变训练姿势可能是一个解决方法。如，要在手腕疼痛的情况下进行卧推练习时，缩小握距、改变握法的方式有时可以减轻疼痛。像这样，在伤病不是很严重时，应该下一些工夫选择不发生疼痛的方法。但从原则上来讲，最好还是进行休养。

第二个方面，是为了获得像加压训练（请参照问题 88）那样的效果，以更加积极的目的，用胶带勒住肌肉进行的肌力训练。通过这种方式，说不定会出现与加压训练相类似的效果。只是，使用胶带并不能达到血流受限那样程度很强的勒紧效果，而且在加压强度的调节方面还需要有一定的专业知识。另外，由于市场上贩卖的胶带基本上没有伸缩性，因此，有可能出现这种情况，就是原本只是想很松的缠上，但肌肉因膨胀作用而逐渐变粗时，就会形成越来越紧的状态。这时别说肌力提高，弄不好还可能会出现生命危险。因此，在没有专业知识时，为了稳妥起见，最好不要采用缠胶带的做法。

125 为什么不进行肌力训练就会非常不安?

虽说因为害怕肌肉减少而不安，并尽全力进行训练是一种勤奋的表现，也不是什么坏事，但是，越是这样的人却往往更容易出现训练过度。因此，应该不断告诫自己，训练只不过是强化肌肉的条件之一，且只有与训练后的营养和恢复结合在一起，才会开始显现效果。

因训练造成的肌肉中蛋白质合成速度的上升，训练后其数值的下降需要 3 天左右。而在肌力训练的第二天，肌肉还会处于工事状态，因此，应等到工事完全结束之后再开始训练，可能会更好吧。

也有人认为，这种不安是来源于对肌力训练的成瘾，就如同于像“肌力训练中毒”“肌力训练依赖症”这样的东西。人们已经了解到，进行有氧运动确实会产生被称为“跑者愉悦感”的现象，而这种现象是由于在脑中分泌出被称为 β 内啡肽的吗啡样物质（脑内吗啡）造成的，在经过一定阶段后产生的心情愉悦。其实，这对于身体来说是类似于防御反应一样的东西。当脑内感受到“难受、已经是极限了”的时候，为了多多少少地缓解这种感受，会释放出像麻醉药一样的物质。所以，就可能会相应地成瘾，或者说在脑内不形成这样的状态就感觉得不到满足。

至于是不是存在与此类似的“肌力训练愉悦感”，目前还不是很清楚。但是，在肌力训练后产生爽快感是确实存在的。一旦运动，肌肉就会产生被称为“白细胞介素 -6”的物质。

有种说法认为，这个物质可能会对体内的各种组织和器官产生影响。

另外，肌力训练与有氧运动相比，具有在短时间内激活交感神经，且在结束后短时间内使交感神经兴奋性下降的倾向。也许对身体来说，运动强弱的落差会使其感觉愉快，并产生与成瘾相似的效果。

［附］塑身年表 3

1957	苏格兰的戴夫·韦伯斯特发表“速度训练”
	英国的利兹大学教师 R.E.摩根和 G.T.亚当森发表“循环训练”
1959	英国的 L.拉韦尔在“Body-building for Sportsmen and Athletes (运动员的身体塑造)”倡导“Split training（分割训练法）”
20 世纪 60 年代	等速收缩登场
	奥斯特伦德进行运动中肌肉代谢的研究
	平衡球在意大利被开发，在瑞士实用化
	在北欧“爆发力训练”开始博得人气
	“Double Split training（双重分割训练法）”开始广泛传播
	美国的健美运动员拉里·斯科特普及“Burns（燃烧）”训练法
	健美训练馆在日本各地开张
	超等长收缩登场
	旧共产圈（苏联、东德）的训练理论流入日本
1960	“序列训练法”被鲍勃·盖德开发
	东京奥运会运动员强化对策本部成立，负重训练、循环训练开始普及
1961	在苏联的 H.H.雅科夫列夫、A.B.科洛布科夫、C.B.亚娜尼斯共著的“苏联运动训练的理论与方法”中，超量恢复的原则被发表
	职业棒球队大洋鲸鱼队（现在的横滨湾星队）引入循环训练
	猪饲道夫、石井喜八发表“叫喊对最大肌力的影响效果”(呐喊效应)
	T.赫丁格来到日本，进行了关于等长收缩的讲座
1962	哈佛·德·布雷切进行关于拉伸的对比试验
1963	卡尔波维奇发表运动生理学
	英国的 A.默里在“Modem Weight Training（力量训练模式）”介绍“The time plus poundage system（时间加负荷的训练体系）”

1964	东京奥运会举行 瓦利斯和洛根发表 SAID 原则 在杂志“Muscle Builder（健美者）”介绍“Super speed repetition’s principle（超级速度重复原理）”
1965	通过控制论专家和整形外科医生的共同开发，在美国纽约诞生“赛百斯器械”
1966	在国立竞技场开设训练中心，此后，各地区的设立训练设施的机会增长 佐藤义昭发明“加压训练法”
1967	J.J.佩林和 H.J.希斯洛普倡导“Accommodating Resistance exercise（适应性抗阻训练）”

第4章

战略性的调整

126 对肌肉的恢复最重要的是什么？

若从常识的角度来讲，当然就是休息和营养，但在这里，主要以如何使滞留在肌肉中的疲劳物质更快地消除，也就是从能量恢复的角度来探讨吧。

虽说都是能量的恢复，但既有像田径比赛那样，从这一场比赛到下一场比赛间歇时间很短的情况，也有像在完成非常大的负荷后，通过几天进行恢复的情况。首先，对像前者那种“短期性疲劳”后的恢复，推荐的是轻松的有氧运动。进行剧烈运动会使乳酸等各种物质（代谢物质）滞留在肌肉中，而这会使肌纤维周围的溶液浓度升高或者使 pH 值下降，并造成维持肌肉工作发生困难。由于乳酸能够被慢肌纤维以及心脏摄取，并作为能量使用，因而如果通过轻松的有氧运动使慢肌纤维和心脏很好地活动，那么就能使血液中的乳酸浓度更快地下降。因此，在进行了快速的、高强度的跑步之后，不能一屁股坐下，而是应该持续性地进行类似于慢跑的运动。

接下来是针对“长期性疲劳”的情况。进行高强度的运动和训练，会使肌肉中的蛋白质受到分解。由于构成肌肉的材料中最多的是蛋白质，所以最为重要的首先是要防止蛋白质的分解，之后，要将被分解的蛋白质尽可能顺利地补充。

对于预防蛋白质的分解，摄取像支链氨基酸（BCAA）那样的营养补剂，特别是尽可能地在运动前摄取是有效的。通过事先从外界摄取作为制造肌肉蛋白质的氨基酸中数量最多的 BACC，可以使蛋白质的分解反应本身放缓。而在运动后，为了能够对制造新的蛋白质提供足够的材料，充分摄取蛋白质可能会更好。

此外，进行剧烈的训练会造成肌肉的微损伤，而这会造成在之后的过程中出现过度的免疫反应，使肌纤维受到多余的破坏。而为了肌肉的恢复，尽早结束免疫反应是非常重要的。比如，通过牵拉伸展肌肉，或者进入热水池很好地进行按摩，就能改善血液循环，并使肌肉免疫反应的进度提前。而即使这样，长期性疲劳却仍然持续的话，那么还是不要过分地使用疲劳了的肌肉，也就是说休息是最好的。

127 为了比赛中最大限度地发挥肌力应该做什么？

如果想要在最为重要的“这一时刻”发挥出最大的肌力，那么首先要制造肌肉不疲劳的状态。也就是说，对肌肉的调整是重要的。

那么，应该如何去做呢？首先，在比赛的3天前就应该开始控制过度的训练。其次，就是决不进行没有习惯于做的训练。意外地，能够理解这一点的人好像很少。在明后天就进行比赛的情况下，如果进行大负荷的训练就会产生疲劳，所以应该想着让负荷轻一些。而觉得这是难得的机会，因此要兼顾着情绪转换进行崭新的练习的想法是不好的。因为，这样做有时会出现意想不到的坏结果。

如果进行没有习惯于做的训练，特别是进行含有离心收缩（请参照问题43）的训练，那么即使自认为完成的负荷很轻，也可能会在不知不觉中造成肌力下降到80%左右。而更坏的消息是，本人以及教练都不会注意到。也就是说，是在根本料不到这样的训练会产生疲劳的情况下参加比赛。这时，会不知为什么就是发不出想要发出的力量。感觉状态应该没有问题，但却不能将本来应有的竞技能力发挥出来。这样的情形，很多都是由于进行了没有习惯于做的训练造成的。所以，像“新的训练菜单”这样的东西，在赛前是绝对不能进行的。

此外，在临近比赛时的膳食方面，应尽可能以可以转换为能量的碳水化合物为中心进行摄取。而在以耐力决定胜负的项目中，采用类似于糖填充法（在2个星期前开始控制着碳水化合物的摄取进行训练，在肌肉中的糖原减少后，再一下子摄取大量的碳水化合物。通过这种方法，可以使作为耐力源泉的糖原储备比平常更多）这样的方法，可能也是有效的。

另外，要注意摄取在肌肉中大量含有的像钾那样的矿物质。如果有意识地摄取水果，就能够非常均衡地吸收钾、糖和水等物质，而这会改善肌肉的状态。需要注意的是，如果过多地摄取盐分，就会形成含水量过多的状态，而这有可能会造成肌肉兴奋性的下降。

128 热身运动的效果是什么？最好的方法是什么？

热身运动（Warm up）的目的，就如同其字义一样是让身体“变热”。那么，为什么要在剧烈运动前让身体变热呢？

在身体内部发生的化学反应，有被称为“温度依赖性”的特性。温度越高，化学反应的发生也就会越快。而热身运动就是用来激活这种特性的。也就是说，通过热身使肌肉本身的活性加强，从而为在正式比赛或训练中能够发挥最高的竞技能力做好准备。只是，肌温（肌肉内的温度）如果上升到41℃以上，肌肉中的蛋白质就会因变性而死亡，所以，稍微留有余地的39℃左右肌温被认为是最适宜的。

实际上，温度的差异会非常大地影响竞技能力。如果肌温上升10℃，生物反应速度就会提高2.5倍左右。相反，如果肌温从39℃下降到30℃左右，竞技能力就会下降一半以上。而对于竞技能力来说，1℃的肌温绝对不是可以忽视的数字。如果不能通过热身运动使肌温升高，那么一旦到了比赛，出现的差距将是绝对性的。

对于热身运动来说，最合适的运动是那种不产生疲劳的有氧运动。即使只是轻松的运动，所消耗能量的一半也会转化为热量，因此，只要进行有氧运动，肌温就会逐渐上升。而关于热身运动的时间，则有这样的研究数据，就是像轻松慢跑这种程度的运动，只要进行10分钟左右就会足够。但这只是在户外空气温度在20℃左右时的情况。如果是在夏季，那么运动时间可能还可以更短一些。由于即使只进行这种程度的运动，肌肉温度也会上升到39℃左右，并在此之后恒定下来，所以，进行10分钟以上可能并没有什么意义。

虽然经常见到在比赛前进行提气冲刺练习的运动员，但其目的恐怕与热身运动并不相同。其主要目的可能为了更快速的肌力发挥，或者是使身体适应于敏捷的动作方式。如果是为了这个目的进行的冲刺练习，那么最好是在完成热身后再进行。理想的顺序应该是：热身运动→冲刺练习→正式的短跑类比赛。有些人可能只想做非全力以赴的冲刺练习，并以此作为热身运动。对于讨厌那种磨磨蹭蹭慢跑的人，说不定这样做也是可以的。因为，最为重要的是肌肉温度是否确实得到了提高。

为了提高肌温，还有通过桑拿和泡澡等外界温度加热的方法。只是，由于桑拿时外界空气温度本身很高，所以弄不好会造成对神经系统的不良影响。此外，泡澡会造成高于肌温上升的植物性神经的各种各样的反应。也就是说，会造成副交感神经等植物性神经也开始工作。而这对于马上要进行运动的人来说，说不定会造成负面影响。如果想要肌肉深层的温度也得到提高，那么还是从肌肉内侧发出热量更好。虽然是极端的话题，有人认为放入微波炉就可以解决这个问题，因为这可以使热量从内侧通过，而实际上也进行过那样的动物实验，但这并不现实。所以通过有氧运动使身体逐渐热起来的热身运动还是最好的方法。

129 体脂肪接近于零的好处与坏处是什么?

认为脂肪是该被诅咒的敌人，要从自己身体中完全挤出去。如果抱有这样的想法是完全错误的。因为没有了脂肪，人类根本无法生存。

体脂肪的重要作用之一就是储存能量。如果以 1 克营养素为单位计算其储存的热量，那么糖和蛋白质是 4 千卡，而脂肪却是 9 千卡。因此，从储存能量的角度来说，脂肪是最为有效的物质。此外，就像细胞膜是由磷脂构成的那样，脂肪是体内形成细胞不可或缺的重要物质材料。也就是说，如果没有了脂肪，细胞也就不会存在，人类也就不可能生存。

体脂肪的其他作用还有很多。如，像雄性激素、雌性激素那样的性激素、作为肾上腺皮质激素的肾上腺皮质素、醛固酮等都是由脂肪构成的。也就是说，如果没有了脂肪也就没有了激素。像这样，正是由于我们身体的需要，脂肪才会存在于我们的身体中。

那么应该拥有多少脂肪才好呢？对此有研究认为，如果被称为“必需脂肪酸”的脂肪含量低于一定数值就会威胁生命。这个数值，男性是体重的4%，女性是体重的12%。其中，女性数值较高的原因，主要还是由于它与怀孕以及生产具有很大的关系。女性不仅在生产婴儿和养育过程中需要有更多的能量，而且从怀孕到分娩期间，还需要有由脂肪形成的激素相互作用着工作。有观点认为如果女性的体脂肪低于12%就会造成月经停止，而这也可以看做是对脂肪含量过低就无法生育孩子的一种警告吧。

在顶尖运动员中，好像也有部分女性的体脂肪会降到8%左右。由于是在奥运会这样的世界顶尖水平上的胜负较量，所以可能不得不这样去做，但对身体本身来说，这绝对不是什么好事。这可能会使雌性激素的分泌变差，甚至还可能因此而出现骨质疏松症。在这种情况下如果仍然持续进行剧烈的运动，就有可能会出现因疲劳性骨折而不得不退役的情况。所以，在非赛季最好不要让体脂肪含量低于12%。

即使是男性，如果体脂肪含量低于4%是非常危险的，也是基本上不可能的。比如，在脑中有很多神经细胞，而在脑组织中脂肪所占的比例也非常的大，如果体脂肪变为零，首先脑浆就会不复存在。因此，就算让脂肪含量极度地下降，5%也是极限值。在我参加世界健美锦标赛时，体脂肪含量也是快要减少到了6%

以下，由于没有了多余的能量，所以与平时相比，在比赛中并没有能够发出足够的爆发力。因此，在男性的情况下，运动员的基本标准就是10%，即使是有体重限制的运动项目，也应该以稍低于10%作为基本标准。通过在市场上贩卖的采用电阻抗法（通过电阻进行测定的方法）的体脂肪计测量，体脂含量有时会出现3%~4%的数值，但这可能是测定误差。

如上文所述，如果体脂肪率接近于零，那么只会有坏处，而绝不会有好处。

130 既然有运动心脏，那么也有肌力训练心脏吗?

首先，对运动心脏做一下简单的说明吧。像马拉松运动员等活跃在耐力项目的运动员，心脏在1分钟内输出的血液量（心输出量）越多就越能够发挥其能力。但是，心脏在1分钟内能够收缩的最大次数，运动员和一般人并没有什么区别。因此，为了增加循环的血液量，心脏的容量本身就会逐渐变大。这就是所谓的运动心脏。

另一方面，进行大量肌力训练和举重训练的运动员的心脏，确实也会逐渐变大。只不过并不是容积的增大，而是心脏壁的增厚。当肌肉发出很大力量时，会造成胸内压上升，这就会赋予心脏“用更大的压力将血液输出”这样的课题，而心脏壁也就将相应地逐渐变厚。也就是说，“心脏也在进行肌力训练”。

虽然心脏很大被认为并不是什么好事，但那是指“心脏肥大”的症状。而这与运动心脏以及心壁增厚是有区别的。如果是因为高血压等原因而发生心脏肥大，那么还会有因心脏不能充分输出血液而引发“心力衰竭”的风险，而这的确是需要注意的。但这是不是由于心脏壁本身变厚造成的，目前还并不是十分清楚。

简单地说，即使心脏壁变厚，如果为心肌输送氧的血管系统能够充分跟上就应该没有问题。只是，如果放任心脏变大、心壁变厚的状态，那么说不定在冠状动脉堵塞、心脏本身出现什么故障时会产生很大的影响。如果不能很好地对心壁增厚的部分进行供给血液的支援工作，那么在发生什么问题时，有可能会变成更为严重的状态。

131 过度的肌肉力量训练会造成内脏疾病吗？

这也许是基于20世纪80年代进行的测试结果而被强调的说法吧。

在那个时期，对举重运动员以及健美运动员等进行剧烈肌力训练的人进行的测试结果中，出现了血中脂肪含量高、肝脏机能数值出现问题的状况。但那时是类固醇泛滥的时代。在后来了解到的是，被测试的人中有一大半人使用了合成代谢类固醇。由于类固醇的副作用是影响肝脏和心脏，所以对测试结果产生影响也是很有可能的。而在20世纪90年代以后发表的很多报告认为，即使是进行剧烈肌力训练的人，也不会在内脏方面出现负面数值。

只是，关于内脏，还有一些让人在意的学说。

一个是进行肌力训练会使肝脏受到分解的学说。由于肝脏是再生能力非常强的脏器，所以会不断制造出新的组织。这个学说认为，其中被称为干细胞的细胞在分裂增殖后，有可能会一路走到肌肉所在的部位，并在那里成为制造肌肉的材料。如果这个学说正确的话，那么过度地进行肌力训练，就有可能会使肝脏为了制造新的肌肉而削减自身的一部分。

还有一个是骨髓的造血细胞学说。这个学说认为，血液中的血球虽然是在骨髓中制造出来的，但作为血球来源的细胞有可能会到肌肉那里去成为肌纤维的来源。而无论哪一个学说，都认为在肌肉进行剧烈的运动之后，如果仅靠肌肉本身不能完全处理，那么就只能使用从其他地方供给的材料。

举例来说，假如现在日本的自给自足率只有40%，那么就要不断地从外国进口食料。但如果一直这样持续下去，就不能排除在某一天连外国的资源都会吃光。人类的身体也是一样的。如果是为了制造肌肉而完全依赖于从肝脏以及骨髓的“进口”，是不是会不断地给它们造成负担呢？无论从动物实验层面，还是从组织及器官被制造出来的机制来看，这种可能性并不是零。而这也是今后需要研究的课题之一吧。

但是，肌力训练与胃肠等其他的内脏器官可能是没有关联的。已经了解到的是，如果进行运动以及训练，反而可会使消化器官的机能变好。如果在肌力训练后感觉到消化器官和系统出现异常，那么更可能是为了提高肌力训练效果而服用的营养品与自身的体质以及机能状态不合造成的结果。

132 肌肉量与体力呈正比吗?

首先，对“体力”本身的定义是非常难的。如果将其说成是“为了能够积极行动的力量”，也就是“行动体力”，那么就会有各种各样的要素含在里面，如肌力、速度、柔韧性以及全身耐力等。而肌力只不过是体力的要素之一。不能认为拥有了肌力，就将其等同于拥有了体力。只有在各种要素综合起来很高时，才能说是“体力很高”。因此，对这个问题好像并不能简单地做出回答。

只是，肌肉量说不定会与每天的活动度成正比。在美国曾进行过一个实验，以200多高龄者为研究对象，连续对其给与3个月生长素，并观察其身体机能提高的幅度。其结果显示，肌力是增长了约80%。虽然不知道这个“肌力”到底能够代表到什么程度，但可以肯定的是有了非常大的效果。而这并不是因为注射了生长素就直接造成了肌肉的增长。首先是通过生长素的给与使其变得有了精神，并能够比过去更加频繁地进行活动。这样，肌肉就会受到刺激，肌力也就能够逐渐增长。而很可能正是这两个方面叠加起来，才开始出现了那样的效果。

但毕竟这是注射。如果进行很好的肌力训练，那么大约经过5~10分钟就会出现生长素的分泌。而如果通过反复进行合理的肌力训练，使内分泌系统不断地得到激活，那么就很有可能得到与实验一样的效果。

生长素还有促进再生组织（通过积极的分裂使细胞增多的组织）的代谢周期提高的效果。比如，如果皮肤的代谢周期提高的话，皮肤就会变厚而使皱纹减少。此外，在像毛根那样不断制造头发并使其变长的组织上，好像还具有激活细胞的功能。而在那个对高龄者的实验中，也有脸部皱纹减少 50%，而头发数量增加 50%的报告内容。

皱纹减少了一半，头发数量增加了近一半，而且肌力增加了 80%。虽然这只不过是一次的实验结果，但为了我们能够健康地生活，肌力提高很有可能会成为我们强有力的朋友。

133 过度地增多肌肉会造成动作僵硬吗?

一说增加肌肉，往往首先会联想到上肢和下肢变得粗壮。这是与在手脚上加上重量类似的状态。由于质量×加速度=力，因此，在想要移动重物时，最初会需要很大的力量。还有，在想要停止运动时也需要同样大的力量。所以，如果末端的肌肉逐渐变得肥大，那么总是会产生动作变得迟钝或者动作变得僵硬这样的印象。

如果是顶尖水平的运动员，那么在锻炼身体时就不得不考虑这一方面的问题，因而最好不要让四肢的前端变得太重，而更应该在躯干好好地增加肌肉，并将手足像鞭子那样使用。

但是，并不能说肌肉的增加会使身体本身变得僵硬。普通的肌力训练非但不会使柔韧性降低，而且还会使柔韧性提高。相反，耐力训练却有可能造成柔韧性的降低。

只是，如果增加的肌肉量是太多，那么由于肌肉是附着于关节前后的，所以就有可能会造成关节可动域的缩小。举例来说，如果上肢过于粗壮的话，那么就有可能发生屈肘相对困难的情况。这可以说是很显然的肌肉增加过度。

需要重复说明的是，一般性的训练并不会造成身体的僵硬，所以请安心地为提高肌力而努力吧。

134 过多地增加肌肉会造成速度下降吗?

在格斗等竞技界中所说的速度，是指某一特定动作的快和慢。由于它是由各种因素汇集而成的结果，所以并不是绝对地只由肌肉拥有的速度以及力量来决定的。只是，过度地增加肌肉是有可能造成速度下降的。

有个名叫《大力水手》的漫画书。如果看他的上肢，虽然上臂并不是那么粗壮，但前臂却是粗得惊人。像这样，如果肢体末端有那么大的肌肉，就会使惯性非常大。惯性是指“难以移动或者难以停止”的特性。也就是说，大力水手的上肢将很难快速移动，而且一旦动起来也将很难停止下来。这不仅在格斗项目中，在所有需要速度的动作中都是不利的。

有被称为“惯性力矩”（物体围绕轴转动时惯性大小的量度）的用语。比如，像锤子那样前端较重的物体，其惯性力矩就会很大，动起来就会比较困难。相反，如果重量是在根部，那么即使是很重的物体也能够很容易地迅速移动。而对身体的设计来讲，也是惯性力矩越小越好。也就是说，如果在接近身体中心的部位具备大量的、很强的肌肉，对增加速度来说是更为有效的。

但是，即使大关节周围的肌肉变得丰富，也就是说采用了所谓正确的肌肉增加方式，有时也不能很快地转化为速度。这是因为，关节周围存在的并不仅仅是这一个肌肉。比如说，将肩向前旋转的和向后旋转的是不同的肌肉。此外，如果只是关节的一侧强壮，有时会造成关节脱位，所以其构造是两侧肌肉尽可能同时发达的结构。也就是说，相对于动作需要的肌力，在对面对其进行制动的肌力也会提高。其结果，若动作技巧不能同时得到提高，速度就不能很好地表现出来。

基于以上两个理由，如果增肌的方法不当，速度是有可能下降的。

135 肌肉的增多会使血液循环得到改善吗?

虽然在肌纤维的周围确实围绕着很多毛细血管，但肌肉量本身与毛细血管的数量，却并不一定成正比。也就是说，决不是肌肉多的人其毛细血管数量也一定很多。

肌肉中的毛细血管决定于肌纤维的类型。在有氧代谢能力高且耐力优秀的肌纤维（慢肌纤维）中，每个肌纤维的毛细血管数量更多。与此相反，快肌纤维虽然更粗，但毛细血管数量却并不那么多。因此，并不能因为肌肉粗，就认为其毛细血管发达且血液循环良好。

决定血液循环好坏的并不是肌肉量，而是决定于经常进行的是什么样的训练。一般来讲，经常进行有氧运动的人，肌肉中的血液循环会更好。

与此相对，若只进行大力量训练，就会出现单位肌纤维毛细血管数量减少的倾向。这种类型的训练，并不会使毛细血管数量发生多少改变，而只是会使肌肉肥大。当然，这也只是保持着血液供给而肌肉变粗，如果想要增加毛细血管数量本身，还是进行有氧运动更好。

最有效的是能够提高肌肉耐力类型的运动。如果进行那种通过重复一百几十次同样动作而达到力竭的运动，增加的毛细血管

数量会比一般的有氧运动更多。也就是说，末端循环也会得到改善。而像循环训练那样的运动，也同样可以期待不错的效果。虽说类似于步行的运动也可以使毛细血管增加，但如果是要更加积极地改善血液循环，还是请你尝试强度稍微大一些的运动吧。

136 有改善腰痛的练习方法吗？

由于腰痛有各种各样的类型，所以并不能一概而论。如果是因为腰间盘突出而出现臀部和腿脚麻木时，最好还是不要冒失地进行练习。而对于所谓的慢性腰痛，或者腰扭伤的改善来说，还是有练习方法的。

在腰痛时，向不发生疼痛的方向运动是最为基本的。这是通过向感觉舒服的方向活动身体，从而消除肌肉骨骼系统歪斜的被称为“操体法”的矫正方法的应用。身体向后屈时发生疼痛，而在向前屈时不发生疼痛时，要做大量的类似于仰卧起坐那样的腰部向前弯曲的运动。相反，如果向前弯曲发生疼痛，而在反向弯曲时没有问题，那就可以进行类似于背肌伸展练习那样的向后弯曲的运动。当然避免使用过大的负荷是明智的，若能轻松地进行几次就可迅速地改善疼痛。

在腰痛迅速得到改善后，会很可能又在同一部位发生疼痛，所以建立防止再次发生疼痛的对策是非常重要的。对此，通过站立体前屈以及杠铃硬拉等练习，对从大腿后群肌到竖脊肌的这条线进行强化就可以了。当然，腰部承受过大的负担是不好的，所以进行时要做到不发生疼痛的那种程度。

若只是后背变得强壮，腰痛并不能得到根本性的改善。将腰椎从前面向前牵拉并固定的肌肉，也就是腰大肌，对防止再次发生腰痛起着非常重要的作用。而若能很好地强化腰大肌、竖脊肌、臀大肌、大腿后群肌等这些前面和后面的肌肉，就会对缓解慢性腰痛起到非常大的作用。

137 针灸治疗对肌肉的影响如何?

在针灸治疗中，经常使用“对穴位进行针刺”这种说法。那么什么是“穴位”呢？很可能是感受器聚集的部位。因为是用针对感受器集中的部位进行针对性刺激，所以发生激素分泌，或者全身性反应并不是不可思议的事情。有时，如果对脑的特定部位进行强烈刺激，说不定会使其分泌类似于β内啡肽那样的物质而出现麻醉效果。

实际上，关于针灸治疗以及感觉神经的研究进展也就是这种程度。之后的情况目前还并不是很清楚。而在肌肉生理学中，这也是没有被弄清的领域。从科学研究上来讲，这种情况说不定可以说成是“扭曲构造”。由于肌肉最大的工作是“活动”，所以对肌肉活动进行研究的人很多。还有，关于如何控制肌肉的脑科学也得到了进步。与此相对，由于肌肉“感觉到事物”是次要的事情，所以相关研究也非常的少。也就是说，从肌肉到达脑的神经路径是怎样的，目前并不怎么清楚是当前现状。反过来讲，如果想通过西医学理论来解释是通过什么样的路径成为了那样的状态，那么东方医学理论和西医学理论就需要融合，而在今后，这样的领域有可能会得到充分发展。

比如，用针对特定部位进行刺激，确实是有可能引起激素分泌的。如果是这样，即使不使用针刺，只要找到可以让那个神经活动的物质就可以了。而如果将这种物质加入到化妆品及乳油的成分中，并在脸部及全身涂抹，那么也许用不着针刺，它们也能到达肌肉中的感受器，并发生激素分泌等反应。涂上之后睡觉就可以变得年轻，这虽然听起来好像荒唐无稽，但如果弄清了关于肌肉的感受机制，从理论上讲是有可能的。

现在，遗传基因以及再生医学作为最尖端的医学受到瞩目。如果用稍微冷静的眼光来看，在将遗传基因切断或粘上之前，像如何将原本存在于自身中的能力挖掘出来的研究说不定是非常重要的。通过各种各样的努力，弄清如何能使身体的治愈能力本身得到提高，才算是真正的尖端医学吧。

138 肌肉力量训练可以提高免疫力吗？

目前还没有关于肌力训练会使免疫力提高的直接研究报告。

只是，在问题 132 中介绍的在美国进行的实验中，得出了与免疫力相关的很有意思的结果。作为对 200 个高龄者投与 3 个月生长素的结果，疾病抵抗力（对感染等的抵抗力），以及在发生感冒后的恢复能力好像提高了 70%。从这件事情来说，若经常使用肌肉进行身体活动，可能最终会得到免疫力提高的结果。

若因此就贸然断定使劲训练就可以提高免疫力还为时过早。过度训练的人，对疾病抵抗能力有时还会下降。有一项以顶尖运动员为对象进行的调查，它是根据运动量的不同将运动员分成若干组，然后对1周、1个月时间中的训练量与感染上呼吸道炎症（因感冒而引起的咽喉疼痛以及发烧）的难易度进行了分析。数据表明，训练不足的人容易发生感冒，而过度地进行训练的人也容易发生感冒，若将结果作成图表，正好形成了U字型。

过度训练造成免疫能力下降的原因之一，是由于皮质醇（肾上腺皮质激素的一种）的分泌造成的。如果长时间处于过度运动的状态，皮质醇的分泌就会升高。由于皮质醇具有降低免疫力的作用，所以就会造成容易引起疾病的身体状态。

此外，过度训练还会影响存在于血液中的白细胞活性。有研究报告称，过度训练者的白细胞活性会降低。白细胞中还存在着被称为“自然杀伤细胞”的细胞，它能够发现癌细胞及病毒感染细胞并将其杀死。如果这个细胞的数量变少，就有可能引发非常严重的疾病。因此，需要反复强调的是，绝对不应该进行过度的肌力训练。这一点最好牢记在心里。

139 肌肉力量训练对健康的弊端是什么？

若持续地进行屏住呼吸状态下举起很重负荷的训练（憋气），就会对心脏造成负担，因此不能否定会出现引发心肌梗塞等疾病的风险。此外，如果长期进行这样的训练，心脏壁就会增厚（心室肥大），而这在血管堵塞时更容易造成氧的供给不足。

只是，绝不存在没有负面因素的运动。因为只要存在正面因素，就会存在负面因素，所以最好首先认识到世上没有所谓完美的运动。应该了解的是，这个运动有哪方面的缺点、哪方面的优点。

在进行负重训练时，应尽可能注意避免憋气。对无论如何也需要憋气的人，应该下工夫将肌力训练与有氧运动很好地组合起来。拥有这样的意识是非常重要的。

有一个时期，人们认为进行肌力训练会使血压升高。只进行将重物举起或进行像奥林匹克举重那样专门使用瞬间爆发力的训练确实要当心血压，但若是进行基础性肌力训练，其结果是相反的。有的训练还会使毛细血管非常发达且数量增多，从而使末梢循环得到改善（请参照问题135）。而在结束训练后处于安静状态时，血压还会出现下降趋势。

如果毛细血管发达，能改善血液循环。特别是，由于肩周围的肌肉是上半身训练的核心，所以经常能够听到因斜方肌和三角肌受到刺激而使血液循环改善，并使肩膀酸痛消失的说法。由于肌力训练还有着这样的正面作用，而且总是抱有不安情绪会对心理层面产生不良影响，因此应在正确地认识危险，并充分注意的基础上，积极地进行训练。

140 肌肉力量训练可以解消压力吗?

从肌肉的收缩这一点来讲，通过肌力训练来消除压力是完全有可能的。

肌肉有着强烈活动之后更加松弛的特征。而灵活运用这种特征进行放松的方法之一就是“渐进性肌肉松弛法”。这种方法是，在仰卧状态下，从腿的前端到头的前端肌肉按顺序加入很大力量，之后马上放松。这样就能解除全身肌肉的紧张。由于肌力训练也是将很大的力量在短时间内发出的运动，所以可能会出现在训练后全身松弛的放松效果。

此外，在肌力训练中会激活交感神经。虽然交感神经会因肌力的发出而处于兴奋的状态，但在运动后其活性会很快下降。由于身体会急速地形成休息模式，所以可能会因情绪变好而出现放松效果。

但如果说在睡前进行训练可以更好地入睡，却并不是绝对的。如果进行过于剧烈的运动，各种激素也会与交感神经同时激活，这样反而有可能无法入睡。

也有观点认为，如果像渐进性肌肉松弛法那样，在非常用力后脱力，就能够很顺地进入睡眠状态。在情绪亢奋而无法入睡时，若试着在被子里握住拳，并全身用力，说不定会有不错的效果。

最近，因自律神经系统的压力而烦恼的人好像很多。自律神经只有在副交感神经和交感神经取得平衡时才能开始正常工作。而对我们的身心来说，二者活性的降低是主要问题。也就是说，让交感神经时高时低的振动变得稳定是非常重要的。为了维持我们本来拥有的自律神经节奏，定期性地进行运动会更好。特别是肌力训练会使交感神经非常具有活性，因而可能会使自律神经的机能在更短的时间内得到提高。因此，当感觉到因工作过度而积累了压力时，不妨从感觉愉快程度的负荷开始进行肌力训练吧。

141 肌肉力量训练后睡不着是为什么？与此相反，想睡觉是为什么？

在肌力训练中交感神经会被激活。而在训练刚结束时，活性还会有部分残余，因此，虽然心情舒畅但却无法入睡是有可能的。由于交感神经会很快恢复到原来状态，而副交感神经从这时开始将处于优势地位，因此身体会成为适宜于睡眠的状态。但当生长素等被分泌出来后，代谢旺盛的状态会在相对较长的时间里持续。而且，由于出现脂肪分解，能量消耗量也会上升。也就是说，身体会持续处于被激活的状态。因兴奋而无法入眠的情况，可能就是因为身体的这种激活状态造成的。

相反，变得想要睡觉，是自律神经的问题。因为训练后副交感神经的优势超过了代谢的上升而使睡意袭来是有可能的。

还可以考虑到的是与生长素的关联性。已经明确的是，除了训练刺激之外，生长素在进入睡眠状态后也会分泌。普遍认为，进入睡眠1小时后，在很深的睡眠状态（深度睡眠）时会分泌出生长素。但是，就像“是先有鸡蛋，还是先有鸡”一样，是因为进入深睡状态使生长素分泌出来，还是因生长素分泌出来使人进入深睡状态，目前并不是很清楚。现在只能说，生长素可能是引起睡眠的诱因。

即使在肌力训练后睡不着，或很快睡着，都没有必要精神紧张，最好也不要勉强地想与之对抗。如果发困，那么就去睡觉，而无论如何也无法睡着时，即使只是躺着闭上眼睛，身体上的疲劳也能够得到消除。只是，睡眠能够抑制活跃的神经，并激活休息的神经，因此，如果想要取得神经系统的休养，睡觉还是最好的。而在睡觉之前尚有充分的时间进行合适的训练，请就此根据自己的特点下一些工夫吧。

142 肌肉的生长与睡眠有关联吗?

生长素的分泌会在睡觉的时候发生。它会在开始睡眠约 1 小时后，进入很深的睡眠（深度睡眠）时被分泌出来。因为生长素的作用，蛋白质的合成会提高，因训练而被破坏的肌肉会得到修补、成长。这个作业时间被认为会持续几个小时。所以，在睡眠中肌肉会生长是个事实。

只是，由于生长素的分泌时间是睡眠开始的时间带，因而长时间睡觉是否重要目前还并不清楚。虽说为了使体内中枢神经得到休息而保证充分睡眠会更好，但若只是考虑肌肉的话，并不能绝对地说“最好是睡眠 8 个小时左右”。

为了使肌肉的生长更快，相比长时间的睡眠，说不定在 1 日内包括午睡在内进行 2 次睡眠的方式可能更好。极端地说，就是

在睡眠 2 个小时后，马上起来，再进行训练。训练结束后，再睡眠 2 个小时，说不定这种方法非常有效。

只是，在训练后有时会因交感神经的兴奋而很难睡着（请参照问题 141）。所以，在训练后首先补充营养，用 30 分钟至 1 个小时的时间完成消化吸收，然后再睡觉可能会更好。大力士在练功后摄取食物，之后睡午觉，这种方法从使身体变大这一点来讲，可以说是合理的。

尽量避免通宵进行训练应该说是明智的选择，因为那样不仅会使生长素的分泌减少，而且还会造成中枢神经的疲劳无法得到消除，并影响明日、后日的训练和日常生活。

143 血液与肌肉的关系是什么？

肌肉经常被称为“第二心脏”。这是因为，肌肉的工作与血液循环有着非常密切的关系。

以“肌肉隆起”为例来看看吧。上臂用力就会使肌肉发出越来越大的力量，从而使其内压上升。这样就会使血液从动脉进入肌肉发生困难。相反，在肌肉放松时，位于肌肉内的血液会因肌肉的收缩而通过静脉挤出。之后在肌肉松弛时，血液会连续不断地涌入肌肉。像这样，肌肉通过反复的收缩和松弛，进行着与心脏类似的工作。

小腿后群肌被认为是通过这样的工作而使血液回流到心脏的。这完全就像挤牛奶那样，肌肉通过反复进行收缩和松弛将血液回流到心脏，而这个动作也因此还被称为“挤乳动作”。

只要肌肉努力进行着工作，就意味着全身血液得到良好循环。相反，如果以相同姿势久坐，就会因血液无法回流而使下肢逐渐浮肿，甚至在静脉中形成血栓。这就是被称为“经济舱综合症”的状态。就如同众所周知的那样，这是有可能造成死亡事故的状态。可以看出，为了保持全身健康，总是保持一个姿势肯定是不行的。因此，有必要从平时开始保持一定的肌肉活动，从而使血液得到很好的循环。

144 血压与肌肉的关系是什么？

在问题 143 中讲述了肌肉会积极地协助血液进行循环。但是，如果血液突然被挤出来涌到上半身，血压也可能会成比例地上升。

血压与在身体末梢部分血液流动的难易度，也就是“末梢阻力”成正比。所以，像深蹲练习那样在下肢大肌肉瞬间发出很大力量时，形成的内压升高以及末梢阻力增大，会造成血压也成比例地上升。若在这个基础上再进行屏住呼吸的“憋气”动作，会因腹肌的强烈收缩而使胸部内压升高，造成血压的进一步上升。因此，平时血压就很高的人，在肌力训练时千万不能进行屏住呼吸的练习。

那么，剧烈的肌力训练是否会使安静时的血压上升呢？答案是，绝非如此。如果通过训练形成新的毛细血管，末梢循环就会得到改善。此外，经常进行剧烈运动，会使人平时的副交感神经活动变得活跃，造成心脏的泵血力量、心率也会降低。而从事耐力型竞技项目运动员的安静心率甚至会下降到每分钟 30~40 次。像这样，由于末梢循环的改善，安静时的血压反而会表现出下降的趋势。

但是，对于进行负重训练等很高强度运动的情况，有着各种各样的观点。其中的一个观点认为，如果反复地使胸部内压和末梢阻力增加，大动脉等粗动脉就会承受很大的压力，而这有可能造成动脉变硬。确实有很多报告认为，进行大量负重练习的人动脉较硬。

但是，这与“动脉硬化”是两回事。动脉硬化是指因为在动脉内壁附着了胆固醇等物质而变硬的病理状态，但训练造成的是动脉壁本身变硬，也就是说动脉的肉会像橡胶软管那样变厚。虽然有人认为，软管变硬会妨碍压力向外溢出，相应地也会造成安静血压多多少少上升，但实际上，还没有出现有显著差异例子的报告。

因此，不必过多地考虑负重训练会对健康造成多大的影响。只是，如果想要获得血压下降这样的积极的效果，相比负重训练，通过耐力项目运动使末梢阻力降低可能会获得更好的效果。

[附] 塑身年表 4

1968	肯尼斯·H.库珀设计“有氧运动法”。 这成为了美国慢跑热的诱因 在瑞士诞生了利用山的上下起伏的运动设施“Parcours（健身跑道）”
1969	帕特里克·约翰·奥谢发表“循环训练.W.T 法”之后，开始盛行使用器械
20 世纪 70 年代	在美国，“诺奇拉斯器械”开始普及 在日本出现田径运动热 “事先疲劳训练法”“本能训练法”“连续紧张训练法”等开始普及 美国的健美运动员麦克·门泽渗透“停息训练（Rest-pause Training）” 阿诺德·施瓦辛格普及“跑步原理” 日本女性健美运动员登场
1970	“东京体育运动俱乐部”开设
1972	随着慕尼黑奥运会的举行，超等长收缩和等长收缩开始受到关注 受到慕尼黑奥运会的影响，在日本出现跑步大热潮 阿波罗练习器等“等长收缩训练器械”开始频繁地被使用
1974	在日本出现瑜伽热
1976	日本出现爵士舞热
1977	朱迪·谢泼德·蜜洁特开发的“爵士健美操”在日本也开始被认识 矢部京之助、猪饲道夫发表“最大肌力的心理 / 生理学的极限”
1978	多摩川游泳俱乐部和室冈教授共同开发的“孕妇体操”受到关注

	福永哲夫发表“超声波法与人的绝对肌力”
	沃姆斯利发表运动单位动员方式的模型
1979	拉伸因鲍勃·安德森而被广泛普及专门性杂志“训练杂志”创刊
20世纪80年代	在日本出现有氧运动的大热潮
	健美比赛在日本国内的一般人群中也受到关注
	出现训练器械多样化，如拥有各种负荷阻力方式的器械、电脑控制的器械等
1980	肯尼斯·H.库珀设计“Super Circuit Weight Training (超级循环负重训练)”
1981	电影女演员简·芳达设计的锻炼计划在日本也开始被认识
1983	“孕妇有氧运动”被设计
	竞技有氧运动开始
1984	“水中运动”被设计
	美国的乔·韦德研究所发表“量和强度与训练”

第5章

营养素与膳食方法

145 对肌肉最重要的营养素是什么?

对于摄取肌肉需要的营养来说，最简单的方法就是吃肌肉，也就是吃动物的肉。这是最合理的方法。虽然食用牛肉、鸡肉或鱼肉都是可以的，但由于哺乳类动物的肉与人类的肌肉更为接近，因而效果可能会更好。但如果总是食用牛肉，就有可能造成摄取能量过多，或者使脂肪的摄取量超过需求。为此可能会有很多人，在考虑了吸收性等因素的基础上，通过像蛋白粉那样的营养补剂来补充营养素。

在制造肌肉的材料中，需求最多的是肌肉蛋白质，其中约有20%是含有支链氨基酸（BCAA）的蛋白质。也就是说，从制造肌肉的角度来讲，BACC是最为重要的。

大豆等的蛋白质与肌肉不同，它有 BCAA 不足的缺点。为此，有些厂家在大豆中添加 BCAA，而有些厂家推出标榜能够从更接近于肌肉蛋白质的乳清中摄取动物性蛋白质，并进一步增加了 BCAA 的商品。

补充 BCAA 还有一个好处。剧烈运动会使肌肉分解，并产生 BCAA。之后，这些 BCAA 会作为训练的燃料而被使用。而好不容易才制造出来的肌肉作为柴火使用未免太可惜了。所以，若能够提前从外界摄取并储存起来，就能够抑制通过肌肉分解来生产 BCAA。仅从这个意义上来说，摄取富有 BCAA 的蛋白质也是非常重要的。

146 请介绍对锻炼身体有效的膳食方法

虽然还没有关于这个问题的完美结论，但是，如果血糖值下降，那么脂肪就有可能容易积累。如果因空腹状态造成血糖值下降，身体就会形成为了应对饥饿状态的防御反应。身体会分泌肾上腺皮质激素等应激激素，分解作为能量储备效率低下的肌肉，而将为了生存需要依赖的脂肪储存起来。

如果减少膳食的次数，期间的血糖值就会下降。当然，身体会珍惜脂肪。这时，如果一次性地大量摄取能量，就会将多余的脂肪储存起来使人容易发胖。所以，不愿意增加多余脂肪，并想要努力增加肌肉的健美运动员以及竞技运动员，应尽可能不让自己形成空腹的时间带。在午饭和晚饭之间如果形成了空腹状态，不应该是忍耐，而是稍微吃一点东西可能会更好。此外，因为肚子饿了就吃很多也并不是什么好事情。总是保持一定的血糖值水平，一点点地摄取食物，对于锻炼高质量的身体会更加有效。

在健美运动员中，为了保持血糖值的稳定，平均每天摄取6次食物的人很多。当然，这并不是说全都是普通的膳食，而是将食用放入蛋白粉的牛奶也算做1次的计算方式。

减少食物量的减肥方法，虽然体重会因能量摄入的减少而降低，但身体的质量会变差。身体会努力着将浪费能量的肌肉消减掉而增加脂肪。如果以汽车为例，就是要将发动机变小以节省能量。将1日2餐吃到饱腹状态也并不怎么好。好好摄取早餐、中餐和晚餐对身体可能是更好的。只是，在马上要睡觉时过多地摄入食物，会在睡眠期间分泌肥胖激素。所以对于在较早时间吃晚饭后进行锻炼的人来说，在睡觉之前的一段时间里补充优质蛋白质以及维生素类可能会更好。

147 如何消除肌肉的疲劳?

关于“肌肉疲劳”虽然有很多种解释方法，但能够量化的方法中最容易理解的就是“肌力的下降”吧。而关于如何使下降的肌力更快地恢复，我们也已经进行了实验，并确认了摄取氨基酸及抗氧化物质，即维生素C、维生素E、多酚等物质具有非常明显的效果。

这些营养素不仅可以抑制肌肉的分解，减轻疲劳，而且会使之后的恢复更快。此外，对防止因活性氧引起的损伤也有效果，在剧烈运动后，肌力下降的状态持续二三天时，效果可能特别明显。

下面，再考虑一下减轻短期性疲劳的营养素吧。比如在游泳100米比赛时，上午进行预赛，下午进行半决赛，而晚上进行决赛的这种情况。像问题126中说明的那样，为了更快地使肌力得到恢复，进行低强度的有氧运动，也就是在运动结束后马上进行40%最大摄氧量强度左右的运动，会有非常好的效果。而对这样的“积极休息”或“能动性恢复”最为有效的营养素，应该是能够马上转化为能量的糖质。这既可以是水果，也可以是像饭团那样的淀粉。总之，推荐摄取的应该是适合于自己身体的食物。

最近，在健康维护以及减肥中盛行食用的营养素之一是柠檬酸。柠檬酸是梅干、柠檬以及醋等物质酸味的原料物质。至于认为柠檬酸对身体有好处的根据，可能是因为它是担负有氧代谢路径主要部分的“三羧酸循环”的材料吧。这种想法可能是源于，如果大量摄取柠檬酸，就会使三羧酸循环活性加强，能量也就能够大量供给。但是，仅仅增加柠檬酸并不能激活三羧酸循环，而且，即使激活三羧酸循环，是否会使能量大量地产生也是有疑问的。

由于柠檬酸本身是酸酸的清爽口味，因而说不定会对心理性疲劳的消除具有效果。如果想要动员包括三羧酸循环在内的全体代谢循环，那么可能还是需要摄取能够直接成为能量的糖原，也就是糖质会更为有效。而摄取糖质会使竞技能力的恢复加快，是已经被很多研究所证实了的事情。

148 平时不断地摄入氨基酸，会使肌肉更加肥大吗?

体内基本上不会发生用尽氨基酸的情况。只要在平时的膳食中摄取蛋白质，就会在消化器官被分解为小的蛋白质，或者成为氨基酸，并在血液中进行循环。

通过营养补剂摄取氨基酸时，会在体内制造几种氨基酸浓度升高的状态。比如，支链氨基酸（BCAA）是肌肉中的含量很高，并能在肌肉蛋白质受到分解时释放出来的氨基酸。如果能够在事先将其摄取，就能够预防在运动中肌肉蛋白质的分解，而且，若能在运动前摄取，就会很容易出现效果。

我们的身体，即使在没有进行剧烈运动时，也会反复地进行少量的蛋白质分解和合成代谢。因而，当然的想法是不断地摄取BCAA，会对防止蛋白质分解、维持肌力更为有效。但是，平时的蛋白质分解与运动中相比是非常少的。所以，即使不断地摄取BCAA，也不能够特别抑制肌蛋白质分解。

最为重要的是，在运动前后摄取氨基酸，而每天多次摄取氨基酸营养补剂是没有必要的。如果总是摄取，从经济方面来说也会造成很大的负担。因此，首先通过平时的膳食努力摄取作为肌肉原材料的蛋白质，而在训练前后才摄取营养品应该就可以了。

149 请介绍蛋白粉以外的有效营养补剂

如果要举出通过实验已经证明有明确效果的营养补剂，氨基酸是第一个，在剧烈运动后，它会促进肌肉疲劳后的恢复。通过从外部摄取作为肌肉主要成分的支链氨基酸（BCAA），可以抑制肌肉的分解。此外，被称为精氨酸、鸟氨酸的氨基酸，具有促进生长素分泌的作用，也可以加快肌肉的生长及修复。

第二个是肌酸。它在10~20秒的时间里必须发挥很大爆发力的运动项目中好像特别有效，这已经被爆发力持续能力的效果实验所验证，甚至还有最大肌力能够得到提高的报告。其原理就是通过增加肌肉的能量储备，使肌肉在收缩时发挥出的总能量增大。比如说，原本只能举起10次杠铃，通过持续摄取肌酸会变成能够举起11次，这种程度的改变是可能的。有一个例子，某位举重运动员原来的卧推记录是200公斤，在使用肌酸3个月后，成功地举起了220公斤。

第三个是抗氧化物质。它与氨基酸一样，有着促进训练后的肌肉疲劳得到更快消除的效果。从疲劳后的恢复这一点来讲，它们比氨基酸更强。在训练中肌肉如果发生损伤，会因免疫反应而发生炎症，并出现肌肉痛。这样的炎症是身体的过度反应。由于活性氧会使肌肉伤口扩大到需要的程度以上，然后才开始治愈伤口，所以到恢复为止消耗的时间就会较长。牙医会将虫牙周围用电钻削掉，等虫孔扩大后再进行治疗。肌肉中进行的也是与此类似的事情。这时如果能够通过抗氧化剂抑制活性氧的工作，就不会使炎症时间过长，肌肉痛也会早日治愈，其结果就是肌力的恢复提前。

对这种恢复效果，我们也通过实验进行了验证。使用的抗氧化物质是被认为其抗氧化能力是维生素 C 的 8 倍的多酚。维生素 C 也有同样的效果。此外，复合性地摄入维生素 E 和维生素 C，还会出现相乘的效果。在必须持续高频度地进行剧烈运动时或在进入赛季不能消除疲劳时，在使用维生素 E 等脂溶性抗氧化剂的基础上，再联合使用多酚等水溶性的抗氧化物质可能会更好些。

150 何时摄取蛋白粉以及营养补剂?

在没有时间的早晨将蛋白粉溶解在牛奶中饮用，或者在根本没有食欲却又不得不摄取营养素等情况下使用蛋白粉以及营养补剂，才是其本来的使用方法。在这里，我们将目标缩小到训练时的营养补充时机来讨论吧。

很多种实验结果表明，如果能够把握好摄取蛋白粉和营养补剂的时机，就能够使训练效果更好。特别是对于高龄者，有非常明确的数据表明在训练结束后的 30 分钟内摄取营养补剂效果会增大。虽然还不是很清楚这是什么原因造成的，但很可能与肌肉中发生的蛋白质分解有关。

已经逐渐清楚的是，运动中蛋白质的分解程度与年龄相关，越是高龄者，其分解就会更加强烈。而且，在训练结束 2 小时后，即使摄入同样的营养品，也不会出现什么效果。所以，推荐的方法是在训练后尽早摄取蛋白质，以补充分解掉的部分。

特别要提的是，由于支链氨基酸（BCAA）是制造肌肉蛋白质的重要材料，所以事先摄取就能够预防肌肉的分解。不仅是肌肉容易分解的高龄者，那些进行剧烈运动的人，也要在训练开始前 20~30 分钟摄取 BCAA。在训练结束后尽早饮用蛋白质，从营养摄入时机来讲可能是最为理想的。

虽然有在运动中摄取营养补剂的人，但这会因进行运动的类型而有所区别。在进行持续性运动时，由于消化系统在运动中一定会受到抑制，因而可能没有太大的意义。但是，进行持续高强度运动后就休息一段时间的训练时，在运动中摄取营养补剂也是可以的。只是，为了促进摄取后的消化和吸收，请一定设定好休息时间。

151 在选择蛋白粉时要检查哪里?

在看蛋白粉的包装时，由于成分表上所记项目繁多，确实可能会出现迷惑。最近，还有厂家根据不同用途制造出了很多针对性的商品。

其实，市场上贩卖的蛋白粉，其基本材料很多都是相同的。多数情况下，只是在几种基础粉末的基础上混合进各自的独特成分和口味，使产品出现差异。所以，与其将注意力集中于细小的成分上，不如以是否好喝来决定选择可能是最为基本的。

作为参考，这里列出几个检查要点。有些产品是为了好喝而加入了糖质，所以检查要点之一是看一下含有多少热量。有的厂商，其产品对象并不是为了运动员，而是更注重健康理念，因而添加了多酚以及抗氧化物质。相反，也有的厂商是以运动员为对象，不关心味道，只重视蛋白质含量。还可以看看是用大豆制成的，还是以乳清制成的。以乳清蛋白为主制成的乳清蛋白粉，虽然所含热量会高，但容易增加肌肉。只要观察这些地方，然后选择与自己目的相符的产品就可以了。

为了提高蛋白粉的效果，也有人将其溶入牛奶中饮用。虽然这确实会使钙等的营养价值提高，但热量也会增加。所以，那些在意体重的人，将蛋白粉溶于水或运动饮料中饮用就足够了。由于最近生产的蛋白粉水溶性和吸收性都很好，所以，即使不考虑与饮料的组合可能也没有关系。

152 通过营养补剂能延长寿命吗？

关于营养补剂与寿命的关系，我们也正在进行着实验。

到目前为止，我们持续 3 年饲养老鼠，并在营养补剂中刻意筛选出“氨基酸”进行了实验。从结果来看，老鼠的寿命并没有延长。只是，也没有寿命缩短的现象，因而将其说成对寿命没有影响可能会更好。但同时还得出了这样的结果，就是通过摄取氨基酸使老鼠的肌肉量得到了维持，萎缩程度也得到缓解，因此，可以认为摄取氨基酸的确可以使活动水平得到提高。

这里，我们可以重新考虑一下关于“寿命”的观念。如果想要在几乎不使用能量的半植物状态下长寿，人为地延长寿命确实是有可能做到的。但是，这果真是我们所希望的“长寿”吗？与此相比，如何能够长时间精力充沛地主动生活，是否才是更为重要的呢？

举一个被称为“辅酶 Q10”的营养补剂的例子吧。它是在肌肉活动时，对制造能量必需的被称为“辅酶 Q”的物质的一种。在进行有氧运动的代谢过程中，它会在被称为线粒体的地方制造能量时工作。这个辅酶 Q 会随着年龄的增加而减少，所以如果能够以从外界摄取的方式来增加它，或许就会有抗衰老的作用。

这就是将辅酶 Q10 作为营养补剂而使用的根据。可是，辅酶 Q 在摄入氧气制造能量的同时，还会制造出活性氧，有观点认为活性氧是发生衰老的原因之一，所以也有人主张如果增加的辅酶 Q 过多，有可能会造成寿命缩短。

辅酶 Q 在身体中被制造出来时工作的被称为“时钟 -1”的基因已经被发现。它是制造酶的遗传基因，在线虫和老鼠中，如果它出现增加，虽然会因为制造大量的能量而使活动性更强，但却出现了寿命缩短的现象。

本应该随着年龄的增长而自然减少的物质，若通过大量摄取的方式维持其数量，说不定会使寿命突然终结。此外，人的动作虽然会随着年龄的增长而变得迟钝，但如果一直活跃地维持年轻状态，那么会不会在 40 岁左右突然就到达生命尽头呢？如果这样考虑的话，关于健康和寿命，还有年龄和营养，可能有必要重新考虑。

现在是高龄社会。虽然抗衰老一直被积极呼吁，还有各种各样的研究也正在进行，但如何解释导致的结果，以及应该去做什么等方面，反而处于混沌的状态。是像马拉松运动员那样持续地长时间活着？还是像短跑运动员那样有力但却短时间地活着？真挚地面对自己生命风格的时代说不定已经到来了。

153 动物性蛋白和植物性蛋白的差异是什么？

动物性蛋白和植物性蛋白的组成是不同的。虽说是不同，但其差异只是一点点而已，比较乳清的蛋白质和大豆的蛋白质，并没有那么大的差异。大豆的蛋白质也是非常优良的，而且还含有很多肌肉所需要的氨基酸。

但可以确定的是，若作为肌肉原材料摄取的话，动物性蛋白会更好。因为，如果是从动物的肌肉中获取的蛋白质，那么其含有的氨基酸比例与人的肌肉类似，所以，更易成为肌肉的原材料。但绝不是说大豆的蛋白质就是非常不好的。从氨基酸成分的角度来看，动物性蛋白并不具有压倒性的优势。

此外，无论是摄入哪一种蛋白质，肌肉的成分并不会发生变化。动物性蛋白和植物性蛋白，只不过是氨基酸的组成不同，并不能改变肌肉拥有的蛋白质量的比例。

食用动物性蛋白和植物性蛋白最大的不同，可能是被身体吸收的速度。由于氨基酸组成上的差异，多多少少会有出现差异的可能性。而实际上，可能有许多人感觉摄取乳清蛋白会使肌肉增加更加容易。如果真是如此的话，这可能是受到消化吸收速度的影响。

所谓的乳清，就是母乳的成分。因母乳是为了给婴儿饮用调合而成的，所以消化吸收不可能不好。又由于肯定是能够被生物自然消化吸收，并能更好地被身体摄取的成分，所以，同样作为动物的人进行摄取时，吸收起来会更加容易。

154 “超高蛋白质膳食”的优点是什么?

在通过训练锻炼肌肉时，蛋白质会成为重要的营养源。只是，对于持续摄取高蛋白膳食的有效性，还是有疑问的。虽然有各种各样的实验，但到目前为止还没有发现能够显示高蛋白膳食优点的数据。

有数据表明，如果在训练结束后马上摄取 10 克左右的蛋白质，就可以使肌肉更容易变粗。但这只不过是摄取少量的蛋白质，实验结果并不能说明摄取的蛋白质数量越多越好。

已成为定论的是，在以日本人和美国人为对象的前提条件下，只要每 1 公斤体重每天摄取 1.5~2 克的蛋白质，就足以充分

体现训练效果。即使超过这个量，也不会出现多大的改变。到了原东欧各国，这个数值被认为是 2.5 克。举例来说，如果体重是 80 公斤的日本人或者是美国人，那么摄取纯蛋白质的量达到 120~160 克就足够了。而如果是原东欧各国的人，会变为 200 克左右。这个量并不是很大吧？

顺便说一下，在普通生活中所需要蛋白质的量，推荐值为每公斤体重 0.85~1 克。这是在不进行特别运动的情况下健康生活所需要的量。如果通过运动增加了肌肉的负担，或者是想要通过更积极的方式增加肌肉的人，需要的量就是这个数值的 1.5 倍左右。

如果过量地摄取蛋白质，体内的氮含量会增加。而这被认为有可能会对肾脏造成很大负担，因此，过量地摄取蛋白质反而有可能产生负面影响。

155 蔬菜和水果与肌肉生长有关系吗？

有关系。

首先，蔬菜和水果里含有丰富的维生素类。为了使体内的酶类发挥功能、产生能量以及让肌肉很好地发挥作用，维生素是必不可少的。

蔬菜和水果里还含有铜和锌、硒等很多微量矿物质。虽然在体内的量很少，但是如果没有它们，就连健康也会受到威胁。因此，这些元素对于人体是非常重要的。

蔬菜和水果具有将这些矿物质从土中浓缩的能力，也就是能够吸收土的能量。维生素类也可以从肉等别的食物中摄取，但矿物质却很难摄取。虽说通过营养补充剂摄取也是可以的，但只要平时经常吃蔬菜和水果也就可以自然地使其得到补充。特别是被埋在土里的根菜类含有丰富的矿物质，因此，如果能够经常性地食用这些食物，对健康、对肌力的增强都是非常有效的。

只是，矿物质含量会因植物生长土壤环境而发生变化。如果这片土地中的土里没有锌，那么生长在那里的蔬菜也就不会含有锌。所以严格说来，蔬菜和水果是“在哪里生长的”很重要。

例如，高丽人参因种类的不同而在价格上有天壤之别。这并不是说高丽人参本身有什么不同，而是其生长的土地有着差异。从土里吸收了充足营养的高丽人参，其效力当然会很高。蔬菜和水果也是一样的，如果想要拥有最高级的食物就必须重视产地。

如果能够这么做当然是更好的，但在现实生活中却很难实现。因此，还是先考虑在平时多摄取蔬菜和水果吧。

156 鱼类和贝类与肌肉生长有关系吗?

有关系。

鱼类和贝类里含有丰富的被称为精氨酸的氨基酸。这是极为重要的氨基酸，例如，它能够起到激活生长素分泌的作用。

还有，被称为肌酸的物质最近不是很有名吗？精氨酸也是这个肌酸的合成原料。虽然动物的肉里也含有肌酸，但精氨酸在鱼类和贝类里的含量更多。因此，可以说摄取鱼类和贝类与肌力增强有很大关系。而且，最近的研究认为，一氧化氮（NO）对肌肉肥大非常重要，而精氨酸是这个一氧化氮（NO）的原材料。

含有精氨酸特别多的是贝类，其次是乌贼和章鱼。这些平时可能根本无法想象会对肌肉有什么好处的东西，其实是非常重要的。

从营养学上提倡的是“一天摄取 30 个品种”，而且这个菜单里一定会有像蚬酱汤那样含有贝类的食物。贝类是人们很早以前就开始喜欢的食物，而它确实是很重要的营养源。

那么，蛋白质会是怎样的呢？鱼类含有的蛋白质和肉类的蛋白质是有些不同的。作为氨基酸的构成，同样是动物的肉类会更接近于人类的肌肉，而作为海上生物的鱼则会稍远一些。因此，若是从作为肌肉原材料的角度来讲，吃牛肉、猪肉或者鸡肉会比吃鱼更有效果。只是，如果考虑精氨酸等氨基酸的含量，那么鱼类和贝类也是有很多好处的。

喜欢肉类的人中还有几乎不吃鱼的类型。但是，不过分地偏向于吃肉，偶尔也吃些鱼可能会更好。

157 在肌肉变大时，说脂肪会成为养分是真的吗?

是谎言。的确会产生因脂肪变为养分而使肌肉变粗的感觉。但那是增强肌力时一定需要有剩余营养的原因。简单地说就是在饥饿时，身体没有余地使肌肉变大。如果是处于饥饿状态，身体会使大脑、心脏或者肺的活动优先。而在这种状态下进行训练，肌肉也不会变粗。

想要在减少身体脂肪的同时使肌肉变粗，或者因为有体重限制，所以想在限制热量的同时增加肌肉，这些都是根本不可能的事情。要是想使肌肉变粗，最好还是摄取稍微多一点的热量。只是，多余的热量将会变成脂肪，所以，在要增加肌肉时，一开始无论如何也避免不了脂肪的增加。但随着训练的持续，可能会有脂肪变成肌肉的感觉。

对于有肥胖倾向的人以及肌肉少而脂肪多的人来说，情况是不太一样的。由于脂肪多，所以本来就会有剩余的热量，因此在做肌力训练时如果减少热量的摄取，身体就会利用现有的脂肪来制造合成肌肉的能量。因而会发生在肌肉变大的同时身体脂肪减少的现象。虽然并不是直接生成肌肉本身，但是若从作为增加肌肉的能量而被使用的角度来看，不能说脂肪的存在就与肌肉没有关系。

可是，对不肥胖的人，“不增加脂肪就不会长肌肉”的想法是误解。考虑好热量的平衡，制定在不怎么增加脂肪的状态下增加肌肉的战略，做好长远打算并进行训练可能会更好。

158 体内水含量多会使运动起来更好吗?

回答是 NO。

“只要失去 2%的水分，竞技能力就会下降 30%”。大家也见过带有这种宣传词句的运动饮料广告吧。的确，如果脱水竞技能力就会下降。我们体重的 60%是水分，而能够维持正常竞技能力的水分含量被认为是 56%~60%。如果低于这个数值，就会陷入所谓的脱水状态。这样，肌肉的功能本身或者心脏的功能也就会下降，因此，水分的减少会引起运动能力的下降。

虽说如此，但并不是说水分越多就越好。如果想增加体内的水分含量，那么在大量摄取盐等含有钠的物质后喝水就可以了。这么一来，身体的细胞和细胞之间就会积留很多水分。只是，在我们身体中是有“渗透压”的，它会为了使体内盐类浓度保持在一定水平而不断地进行调整，也就是说，人体具有在钠浓度升高时，将水从细胞内渗出的那种结构。而当这也无法满足需求时，就会用不断喝水的方式来稀释。这样，由于体内含水量的增加，就会变成水肿状态。由于水肿状态会引发其他机能的各种障碍，所以并不能说水含量越多就会对运动更有利。

但是，当失水达到体重大幅度减轻那种程度时，体内就会因水分减少而形成盐类浓度很高的状态，所以，这部分水还是应该及时补充。那么，对于大量出汗后的水分补充来说，最适合的是什么呢？最好是饮用与类似体液的等渗饮料相比所含盐分稍稀一点的饮料。在最初阶段，汗液中会含有矿物质，经过一段时间后，矿物质含量就会逐渐减少。也就是说，会逐渐变成盐分稀少的汗液。而如果想要补充这一部分，盐分不太高的饮料可能会对身体更好。

相反，也有因水分过多而浮肿的时候。例如，在宴会上吃很多咸东西后喝大量啤酒的第二天。这对身体来说是非常不好的状态。这时，请稍微控制一下水分的摄取，并尽可能不要摄取盐分。只要不摄取盐分，水分也就会一起跑掉。之后，如果摄取在豆类和鳄梨中富含的钾，那么进入细胞内的钾会将水一起带进去，浮肿就会得到消除。

159 改变饮食会使肌肉也发生变化吗?

肌肉本身可能不会有巨大的变化，但体格有时会发生变化。

人们常说“一天两顿的暴食会容易长胖”，而现实中确实有这样的现象。吃饭后因消化系统活动变得活跃，体温就会小幅度上升，而代谢也会随之上升（食物诱发性代谢）。因此，将同等食物分成两顿和三顿吃，在能量消耗量上也会有所不同。少量多次可以叠加更多的饭后代谢升高效果，所以不容易肥胖。对于那些想增加肌肉但又不想增加多余脂肪的人，减少一次的饭量而增加次数可能是更好的。相反，那些一定要使身体变得粗壮的人，就要像相扑运动员那样，一天吃两顿且每顿都吃很多，这样，脂肪和肌肉都会很容易增加。

说肌力训练效果的一半缘于饮食并不过分。即使进行了很好的训练，如果饮食不当，那效果也会降到一半以下。所以，为了预防这种情况，注重饮食也是非常重要的。如果是真的想要增加肌肉量，就必须充分摄取作为其原材料的蛋白质。具体来讲，必要的蛋白质量就是将体重换成克来计算的数值（要是 75 公斤的人就是 75 克）的 1.5 ~ 2 倍。

例如，健美运动员的典型饮食方法就是，在早饭和午饭之间摄取少量的蛋白粉，然后吃午饭；下午训练后再简单地吃一点，等到了晚上再吃晚饭；之后，在睡觉前再摄取蛋白粉。按照这样的程序一天大概需要吃六顿。但是，如果只是过着普通的生活，就会受到很多限制，也就无法像想象的那样在计划时间内吃饭。因此，对一般人来说，将主要的三餐重视起来，并在训练结束后马上补充蛋白粉就可以了。

在减轻体重的时候，饮食也很重要。我在现役阶段，也曾把在冬天大概 105 公斤左右的体重在半年内减轻到了 85 公斤左右。为了不减少肌肉而只减掉脂肪，在注意不减少蛋白质摄入量的同时，尽量避免了脂肪的摄取。当然也一直没有忘记热量的计算。

虽然很多研究已经证实，减少碳水化合物也有很大的减肥效果，但是，在运动的同时断掉作为直接能量源的糖质是很困难的事情。由于大脑也需要以糖质作为能量，因此也有报告认为，如果糖摄入不足，人就会容易发呆。而且还有这样的实验结果，就是如果对老鼠只提供低糖物质，那么白天黑夜它们都会睡觉，人也一样，有可能会随时发困。因此，低糖减肥对进行剧烈运动的人或者工作繁忙的人来说可能是很辛苦的。

要想减少脂肪，最容易的方法还是减少脂肪摄入量，或者就像上面所说的那样，采用将食物分成很多小份并增加次数的饮食方式。

160 素食主义者长肌肉更困难吗？

要是什么肉也不吃的素食主义者，长肌肉会更困难一些。因为如果想增加肌肉，还是需要有一定的作为其原材料的蛋白质。

只是，素食主义者也会摄取大豆等植物性蛋白，因此，并不会出现完全不能增加肌肉的情况。但即便如此，要想每天摄取150克纯粹的蛋白质可能也会非常困难。当然，如果是摄取蛋白粉，那就另当别论了。

此外，素食主义者也有很多类型。例如，“蛋奶素食主义者”（也会吃鸡蛋）或者“鱼鸡素食主义者”（也会吃家禽肉）等。这些人虽然不吃哺乳类动物的肉，但也能在一定程度上得到营养补充，因此，也有可能使肌肉变大。

构成肌肉的氨基酸是动物性组织，从基本上来讲，动物性蛋白质在结构上是与肌肉最为接近的。因此，从营养层面来讲，如果想要增加肌肉，吃动物肉本身是最佳选择。因为动物肉里除了蛋白质外，还含有肌酸等物质，对于增长肌肉是非常有效的。

市场上出售的蛋白粉是以大豆和乳制品等为原料制成的，因此会与肌肉本身略有不同。但乳清在组成成分方面是与肌肉接近的。如果只是吃肉，就不可避免地会同时摄取脂肪，所以，如果是不想增加体重的人，也可以少吃一些肉，并以摄取蛋白粉的方式来代替。

161 在减少体重阶段应该吃什么？

没有必须吃什么的规定。只是在减体重时，应尽可能在不摄取多余热量的基础上，为了不减少肌肉，根据需要摄取蛋白质。为此，健美运动员以及格斗类运动员常吃的就是鸡胸脯肉。还听说有的人生吃或者用榨汁机与纳豆一起搅拌着吃。

在提高肌力的阶段必须摄取多一些的热量，否则肌肉就不能增加。因此，在这个时期不用太在意食材，只要注意脂肪含量，就可以吃很多。之后，在真正需要减体重时，再以鸡胸脯肉、纳豆以及豆腐等为中心摄取蛋白质。这可以说是一个有效的膳食方法。

纳豆是大豆蛋白质，而且由于纳豆菌的作用已经被分解到了氨基酸阶段，所以它是类似于氨基酸营养补剂却又廉价的食物。在以前并没有氨基酸营养补剂时，纳豆曾是非常重要的食材。因其味道独特，所以有人喜欢也有人厌恶，而它不仅在减重期，在增肌期也会发挥很好的效果。

只是，最近有人指出过量摄取异黄酮会不好。由于纳豆和豆腐里含有丰富的异黄酮，所以为了以防万一，还是注意不要过量摄取为好。

此外，在减体重时最好是摄取钾。为了减体重或为了消除浮肿而突出肌肉，在这个时期肯定不会摄取多少水分。如果水分不足，就有可能会因为电解质失衡而引发痉挛。而能够预防它的就是钾。蔬菜和水果里含有很多钾。因此，也有在进入减重期后不喝水而吃西瓜的人。

162 在训练后喝可乐是不可以的吗?

这可能是迷信吧。在训练后喝可乐等碳酸饮料，可能并不会给身体带来那么大的影响。而且只要适度，碳酸或者糖质也不会对身体有害。只是，因为碳酸饮料里含有气体，喝了就会胀肚子，所以有可能造成不能很好地饮食。但也只是这种程度而已，只要掌握好量就不会有问题。

对于肌肉来讲，与喝碳酸或者甜饮料相比，喝酒才是不好的。因为酒精有分解肌肉的作用。

说到食物，垃圾食品因为脂肪含量高，所以不能说对身体有益。垃圾食品的脂肪里含有人工制造的油脂（反式脂肪酸），它是能够降低细胞功能、引发癌症等的危害健康的物质。因此，最

好还是注意不要过量摄取。但并不是说绝对不能吃，而是与可乐一样，只要不过量摄取就不会出现问题。

过量摄取会危害健康的东西在世界上有很多。无论摄取什么，大量摄取特定的东西并不是什么好事。虽说早晚一直喝可乐是很不好的，但如果只是在训练后喝一瓶可乐的程度就完全没有问题。

如果不是健美运动员，就不必对食物和饮料那么在意，要是觉得能够振作精神，就不必自我克制，可以吃喝自己喜欢的东西。

163 吸入更多的氧气会使人更精神吗？

很显然，答案是NO。

现在不是很流行氧容量高的水和氧气舱吗？可是，首先希望大家知道的是“氧气能变成毒”。从氧能够使铁生锈这个现象就可以看出，氧气是活性很高的气体。而我们正在巧妙利用稍不谨慎就能变成毒性的高活性物质来制造能量。重复一遍，氧气如果摄取过多就会变成毒。这是我们首要必须知道的事情。

以前，被称为“早产儿视网膜症”的疾病成为了问题，就是因为将早产婴儿放进高氧室抚养，造成视网膜被氧气损坏引起失明的事件。具体来讲，如果将100%的氧气持续吸入三天，人就会因肺部完全破损而死亡。所以氧气是非常可怕的东西。简单地认为吸氧就能提神或者会变年轻是非常危险的想法。

此外，吸入的氧气在肺中与血液里的血红蛋白结合后会被运到各个组织。在常压常氧环境下，健康人的血红蛋白几乎会100%地与氧气结合。即使特意弄到高压高氧状态，血液运送的氧也不会明显增加。这样看来，氧气瓶或者氧气舱可能并不像期待的那样有效。虽然给人很舒服的印象，可遗憾的是，如果说能让人马上精神起来，这在理论上是不成立的。我们的身体已经适应于在恰好的常压常氧环境中很好地生存。如果从一直在直接吸入空气的气管和肺等呼吸器官来考虑，最好还是不要轻易吸入高浓度的氧气。

164 富氧水和氧气舱的效果如何?

在问题 163 里已经说明了吸入超过需求的氧气也没有意义。那么，喝溶入高浓度氧的水究竟会有什么样的效果呢？大概不会有能够证明有效的数据。在饮料中含有的氧气在某种作用下被身体摄入是不可能的。说不定，可能是从经验上判断为有效的吧。

尽管如此，那么在运动等方面会不会有一点效果呢？例如，在剧烈运动之后稍微休息，然后需要再做剧烈运动的时候，这时与只是休息相比，如果进入氧气舱，身体恢复说不定会更快一些。实际上，不仅很多运动员在实践，我们也在期待着出现效果而进行实验。虽然目前还没有正式结果能做出定论，但从统计的角度来看，没有出现明确的效果。只是，好像也有感觉恢复多少快了一些的结果，但这可能是因为实验对象早已知道了实验内容，因此说不定就是心理作用。

对于短时间恢复来说，作为积极休息（请参照问题 125）进行低强度的有氧运动是最有效的方法。那么，在高氧状态下做有氧运动会不会更好呢？为此，我们也做了实验。的确好像有些效果，但还没有达到可以明确断言非常有效的那种程度。

那么，为什么会多少有一些效果呢？虽然对此也不是很清楚，但溶解在血液中的氧含量增加却是事实。这样一来，脑脊髓液和组织液等与血液连在一起的体液氧含量也会小幅度增加。

而由此可能带来的，说不定或者是心理方面的效果，或者不知原因地疲劳感就降低了的效果。此外，对于那些肌腱、韧带等没有血液流动的组织来说，氧含量好像很重要。因此，通过增加组织液中的氧浓度，好像可以加快伤处的恢复。但这也还处于实验阶段。

总而言之，在疲劳后的恢复上，不要简单地认为只要有富氧水或者进入氧气舱就可以了，最好还是将它们当做辅助的东西。

［附］塑身年表 5

1986	“步行锻炼”被设计 “Low Impact program（低冲击训练计划）”被设计 拳击练习法开始
1989	PNF 理论的原著修订版出版，对体育界产生影响
20 世纪 90 年代	肌力训练开始急速普及 在日本国内以中老年女性为中心的哑铃训练热潮到来 在日本的中老年层，步行再度扎根 第 2 次瑜伽热 体能教练、私人教练等专门职业活动正式化
1991	美国 NSCA 的日本支部开始活动
1993	“东京都海杰娅”（健身设施和医疗机构组合起来的社区广场）开设
1994	在美国“营养辅助食品健康教育法案”成立。营养补剂被广泛认知
21 世纪	在日本出现 Billy's Boot Camp（美式新兵训练营）热潮 在电视购物节目中训练工具被介绍 “内脏脂肪综合症”这个词汇普及。日本人的健康意向高涨 无所属个人训练者增加 顶尖运动员的抗阻训练实践实例开始被频繁地介绍 石井直方等的“张力维持慢速法”发表
2000	“日本核心调整协会”（JCAA）会长岩崎由纯设计瑜伽柱
2001	国立体育科学中心开所
2006	“日本训练指导者协会”（JATI）成立

第6章

增长塑身知识

165 人最需要的肌肉是什么？

这是很难的问题。

如果从即使到了高龄也要过主动性日常生活的观点来讲，最重要的是对受年龄增长影响最大的肌肉进行很好的锻炼，以防止其衰退。随着年龄增长容易衰退的是股四头肌、腰大肌、臀大肌以及总称为躯干肌的腹肌和背肌等在身体中心部位到膝盖之间的肌肉。它们与站立、坐下、行走、维持姿势等日常活动有着非常密切的关系。也就是说，越是维持生命不可或缺的肌肉，受年龄增长影响越大。

在野生动物世界里，如果因为年老而使活动能力稍微下降，就很容易受天敌袭击，但是，人没有可以夺去生命的天敌，于是为了能够使生命循环得以顺利进行，可能特意让对维持生命很重要的肌肉容易受年龄增长影响吧。当然，这只是假设。

总之，可以说预防身体核心部分和大腿部肌肉的衰退，无论对维持充满活力的身体，还是对健康的日常生活都起着很大的作用。

但是，在不要求“充满活力”或者“健康”，只是优先考虑生命维持时，最重要的肌肉是心肌。如果心脏不跳，人就不能生存。此外，即使有了心跳，如果不能呼吸也会死去，所以还需要横膈膜和肋间肌等帮助呼吸的肌肉。还有，想要生存必须摄入食物，所以帮助咀嚼的肌肉也不能没有。而对于人类来说，缺少了这些肌肉中任何一个都不能生存下去。

如果像这样考虑下去的话，最终得出的结果会是没有不必要的肌肉。就说大腿肌肉吧，它的功能不仅只是走路，它还有生产热量、消耗糖和脂肪的作用。如果全身的肌肉变少，血糖就不能下降，就会发生糖尿病。

此外，如果人类想过正常人的生活，不是仅仅需要脑、心脏、内脏等部分，而是需要全身各部分有机联合起来进行活动。而且，只有每个部分都各尽其责，才能完成作为“身体”的功能。每一块肌肉也是作为其中一员发挥着重要的作用。

166 有不易长肌肉的体质吗？

体质大多是由遗传因素决定的。并且，决定体质的并不是单一基因，而是综合因素，所以，断定其原因非常困难。比如，因消化系统问题而使身体难以吸收营养的遗传类型，或者肌肉本身不易对训练产生反应的遗传类型等。但无论如何都可以断定，不易长肌肉的体质确实是存在的。

我们也正在对不易产生反应的肌肉的遗传基因进行研究。在将受试者分成两组进行了 10 周同样的训练后，其中一组的肌肉量增长了 10%，但另一组却只增长了 6%。虽不能说这是很明显的差异，但可以说的确存在着差异。

但是，不易对训练刺激产生反应，有可能是因为当前的肌肉能力很高，或者是因为快肌能力很高造成的。因此，并不能因为不易长肌肉就断定其不适合做体育运动。也就是说，没有必要为此而悲观。更需要考虑的，应该是如何调整饮食，或者通过增加训练量等方式来创造有利于肌肉增长的条件。

在多数情况下，人们所认为的不易长肌肉的体质，实际上可能是因为训练方法不当、营养吸收不良或者日常生活习惯不好导致的。因此，最好不要与别人进行比较，而是把现在的自己当做竞争对手进行认真的训练。这样，无论是什么人，他的肌肉一定会增长，而且只要持续下去，一定会出现明显的效果。而对于体质的问题，最好是不要那么在意。

167 深蹲练习会使雄性激素分泌吗?

训练之后，确实会使雄性激素分泌。但是，与平时的分泌量相比，只有非常微小的差异，最多也就是增加 20%～30%。虽然生长素在训练之后有时会增加近 300 倍（只是，大约会在 2 小时之后恢复原状），但雄性激素却没有很大的变化。

如果有经常训练的习惯，就会使雄性激素平时的分泌量逐渐增加，而这有可能会对身体产生影响，并使肌肉容易增长。所以，若从长远角度来讲，可能会产生训练效果。

锻炼下半身会更容易刺激激素分泌的想法只不过是迷信而已。但由于大量使用大肌肉会更容易刺激激素分泌，所以，进行深蹲练习的确会有很好的效果。

如果使用大的肌肉，就会使造成急性肌肉疼痛的乳酸和氢离子刺激神经，并使位于脑中央的视床下部受到刺激。于是，从这里会对脑下垂体发出“分泌激素”的指令。脑下垂体在分泌生长素的同时，会使刺激精巢的被称为促性腺激素的激素分泌。所以，如果要想让这种机制积极地发挥作用，那么相比只是一点一点地活动小的肌肉，一下子让大的肌肉疲劳会更有效果。

顺便说一下，我们研究室的实验证明，如果能使生长素分泌得更多，对其他部位的训练也会产生正面效果。比如，在完成上肢训练之后再进行深蹲练习，深蹲练习的效果就会影响上肢的训练效果。也就是说，会比单独进行上肢训练更有效果。由于生长素在训练之后会很快大幅度增加，所以比雄性激素更有速效性。

168 深蹲练习能强化性机能吗?

就像问题 167 中所说的那样，仅从雄性激素是否会增加这一点上来讲，回答是“YES”。

不仅在深蹲等下半身的训练中，只要间歇时间相对较短地进行使用大肌肉的练习，就能使雄性激素出现少量的增加。若反复地进行这种训练，平时的雄性激素分泌量就会增加。而雄性激素若能旺盛地分泌，性机能也可能会多多少少得到加强吧。

即使从激素以外的性功能考虑，深蹲练习可能也会起到一些效果。只是，这还会决定于采用的姿势。比如，如果是采用足间距较宽的脚尖向外的深蹲练习，就会使内收肌，也就是收腿的肌肉，以及稍偏于躯干侧的骨盆底肌附近的肌肉得到加强。在提起负荷时，若能有意识地用力收臀，可能会收到更好的效果。

虽然不能断言强化内收肌和骨盆底肌会直接对性机能的提高产生影响，但是，提高这些肌肉的力量被认为会对预防高龄者失禁产生效果。这是因为，它们是与收紧下半身肌力相关联的部位。

要是收紧肛门的肌肉（提肛肌）发达，说不定会使性机能多少得到一些提高。提肛肌同时还是受雄性激素影响很大的肌肉，所以，虽然不能断言，但到达“最后”的时间能够稍微得到延长是有可能的。

虽然以强化性机能为目的进行肌力训练是可以的，但最好不要抱太大的希望。

169 个子高的人不易长肌肉吗？

这个回答是 YES。

个子高的人，他的肌肉也会相对较长。肌肉变粗 10%意味着要使横断面积增加 10%，因此，也需要增加更长部分的肌肉体积。另外，蛋白质的需要量也会比肌肉短的人更多。所以，个子高的人想要使肌肉变粗，无论从训练方面还是从营养角度都是更困难的。

个子高的人一旦肌力增加，肌肉的长度就会变成优点。身体运动的机制是肌肉通过发出肌力方式活动关节，从而引起手以及脚的末端运动。这就意味着个子高且骨头长的人，由末端产生的速度会更快，而这与挥舞长柄锤子是一样的道理。比如说，投棒球的速度会明显加快。

在健美等比赛中，由于个子高的人不易长肌肉，所以在训练初期往往是个子矮的人的成绩较好。但是，一旦个子高的人具备了充足的肌肉，站在舞台上的魄力是完全不一样的。阿诺德施瓦辛格当健美运动员时，在决定专业级世界冠军的“奥林匹亚先生”大赛上获得了6连冠。可以认为，当时是异常的高大身材起到了非常重要的作用。身高183厘米在现在虽然并不算是什么惊人的数字，但在以前，健美运动员的身高最高也不过是175厘米左右。本来在身高上就有近10厘米的差距，如果再加上拥有充分的肌肉，就没有人能与其匹敌，因此，他的无敌时代也就能够持续了一段时间。

可以认为，个子高的人虽然会在肌力训练时受苦，但是，一旦通过努力克服之后，那就会使其拥有可以成为压倒性优势的因素。

170 肤色黑的人容易长肌肉吗?

肤色黑色程度和与肌肉增长难度之间可能并没有直接关系。健美运动员并不是因为肤色黑才有了大块大块的肌肉，而是为了更加突出地表现已有肌肉才晒黑皮肤的。因此，从顺序来讲是相反的。

与肤色相关的虽然是黑色素，但目前还没找到黑色素与肌肉增长难度之间有什么特别的关系。若说与健康相关的，并不是黑色素，而是被称为“褪黑素”的激素。

褪黑素是可以凝聚黑色素的、与晒黑皮肤有关联的激素。褪黑素是由脑中被称为松果体的部位分泌的激素，它被认为具有建

第1章 第2章 第3章 第4章 第5章 第6章

立睡眠和觉醒这种体内节奏的作用。此外，褪黑素还被认为可能具有抗氧化作用。由于它能强烈抑制可引起身体衰老的活性氧，因此还被期待应用于阿尔兹海默病的预防和健康长寿上，而现在则已经到了在市场上作为抗衰老营养补充剂出售的程度。

褪黑素的分泌量有时确实会随着年龄的增长而减少。从这一点来讲，肤色黑的人的褪黑素活性也高，说不定具有健康长寿的潜质。只是，由于还没有研究对此明确地进行证明，因此目前还处于抱着希望观察的阶段。

有观点认为，褪黑素具有间接减少体脂肪的作用。虽然也并没有得到证实，但以中老年为对象的实验报告表明，摄取褪黑素营养补剂后出现了体脂肪的减少。健美运动员中，好像也有人为了美观的同时减掉脂肪而将皮肤晒黑。

171 通过合成代谢类固醇增强肌肉的机制是什么？

使用合成代谢类固醇的人的确会长很多肌肉，但是其机制目前还并不十分清楚。

不仅如此，有一些学术研究结果表明，使用合成代谢类固醇并不怎么起作用。究其原因，可以列举出以下几点，如，实验对象是平时不怎么锻炼的人，或者实验期间只有 2~3 个月这样的短时间，以及合成代谢类固醇的使用量无法超过临床上的理论使用标准等。因此，只能获得中性的效果。

合成代谢类固醇还具有“肌肉增强剂”“蛋白同化激素”等名称，并被认为能够提高肌肉中蛋白质的合成和促进肌肉增长的生物化学过程。而且，摄取类固醇会使氨基酸不易被肌肉分解也已经被证实。但是，类固醇具体的作用过程目前并没有弄清。

大量使用类固醇会对中枢神经起到很大的作用。人不但会变得非常具有攻击性和没有恐惧感，而且疼痛感也会变得迟钝。也就是说，有时甚至可能会出现直接导致犯罪的异常精神状态。正因为有这样的效果，所以不但可以进行比别人更有攻击性的训练，而且还会感觉不到难受。对于这种机制是否可以间接帮助肌力提高的问题，也早已得到了证实。

在训练现场中的人，从某种意义上来讲，是赌着性命和生活进行着肌肉锻炼。而且，使用类固醇的量也非同一般，有时甚至会达到临床使用量的 50 倍左右。如果是本来就拼命训练的人，再加上连续半年使用类固醇，出现惊人效果是当然的事情。

有一种妨碍肌肉变粗的、被称为肌肉生长抑制素（请参考问题 17）的蛋白质，它是被称为生长因子的物质中的一种。我们研究室最近的研究结果表明，合成代谢类固醇以及雄性激素具有抑制制造肌肉生长抑制素的遗传基因的作用。

也就是说，相对于直接促进肌肉蛋白质的合成，合成代谢类固醇可能主要是作用于调节肌肉大小因子的遗传基因。这虽然只是间接的效果，但作为结果却是增加了肌肉蛋白质的合成。

对两种机制进行了说明，虽然你有可能会觉得意外，但是，合成代谢类固醇的确有可能不是直接有效作用于肌肉的物质。

172 基因兴奋剂是什么?

在世界反兴奋剂机构（WADA）和国际奥林匹克委员会

(IOC）上，基因兴奋剂已成为体育伦理方面的重大问题，世界反兴奋剂机构已经将其正式列为禁止事项。在不久的将来，如果开始使用基因兴奋剂，将有可能导致体育的灭亡。因为，在过去通过人为地操纵遗传基因来制造像超人一样的人或许只是个幻想，但现在却有可能会变成现实。

简单地来说明一下它的机制。首先在理论上可能的方法就是，让强烈抑制肌肉生长的“肌肉生长抑制素”（请参照问题17）不发挥作用，从而更有效地促进肌肉增长。将某种遗传基因完全破坏来阻断的方式被称为“knock out（淘汰）”，在使用老鼠进行的实验中，相对简单地就淘汰掉了肌肉生长抑制素。那么，换做人会是什么情况呢？虽不能说绝对不可能，但至少需要两代人的时间。即使将目标定为50年左右以后，那也是经过数千次的失败后有可能制造出一个人的概率。也就是说，这种方法虽然在生命周期短的老鼠身上存在着实现的可能性，但如果换做了人，将遗传基因淘汰掉是一个不太现实的方法。

不过，如果不是针对肌肉生长抑制素本身，而是采用导入阻止肌肉生长抑制素发挥作用物质的方法，就会突然变得具有现实性。况且，实际上已经发现体内存在着阻碍肌肉生长抑制素的另外一种蛋白质。目前已完全确定的是叫卵泡抑素的蛋白质。卵泡抑素具有与肌肉生长抑制素结合后阻断其功能的特性。通过增加这种蛋白质来降低肌肉生长抑制素的作用，从而促进肌肉变粗的方法，从理论上讲是成立的。实际上，将卵泡抑素的遗传基因注射到老鼠的受精卵后，也发现出生老鼠肌肉量增加的结果。这种方法说不定用在人身上也是可能的。因为将原有的遗传基因淘汰掉会很困难，但从外面导入遗传基因却是比较简单的。在最近进行的加压训练（请参照问题88）中，也发现了与卵泡抑素非常相似的蛋白质（卵泡抑素样蛋白）在肌肉中增加的现象。

可怕的是，目前已经可以不将这种遗传基因注入到受精卵上，而是直接注入到肌肉上。以前的方法是将想要注入的遗传基因嵌入到病毒遗传基因上进行注射。这是由病毒相继感染肌肉细胞，并将目标遗传基因运送到细胞中的机制。但在最近的动物实验中发现，如果不使用病毒而直接将遗传基因注射到肌肉上，并施加强烈的电刺激，就可以将其注入到肌肉细胞中。而且，基因兴奋剂通过进行尿液或者血液检查并不能被发现。另外，人们也不能为详细分析遗传基因而直接从运动员身上摄取肌肉片，因为这样会出现很大的反对意见。而即使摄取到了肌肉片，由于遗传基因本来就是存在于体内的，因此，若要找到从外部注入的证据也会非常困难。可以说，这是个超出体育范畴，并且涉及到人的尊严领域的命题。

173 有安全的兴奋剂吗?

可能是没有的。

为了特别地提高身体能力而利用药物或者类似的东西，还是会打乱体内功能的恒常性。而只瞄准某个特定机能进行提高的方式，也可能会使身体机能的平衡受到破坏。

在问题 95 的内容里提到的血液兴奋剂，虽然看起来好像很安全，但实际上至少会出现在生理学上无法想象的一时性的血红蛋白数量的增加。血红蛋白会将在肺中结合的氧气运送到组织中。如果将因血红蛋白数量增加而使体内氧气运送能力异常提高的状态持续一段时间，很可能会出现一些副作用。比如说，可能会出现与活性氧相关的问题，所以，绝不能说是安全的。如果血液量增多，体内就会发生“要处理过度增加的血液”的反应，而如果这种反应不断重复，反而有可能造成自身造血功能的下降。

合成代谢类固醇也是一样的。如果总是从外部投入药物，身体本身就会认为“不需要制造激素”。这样一来，精巢就会逐渐退化，其自身制造性激素的能力也会下降。像这样，可以断言的是，没有安全的兴奋剂。

顺便说一下，兴奋剂不仅局限于药物，也包含以显著提高竞技能力为目的而进行的行为。也就是说，现在很多运动员正在使用的高压高氧仓等，在不久的将来也很有可能被定为兴奋剂行为而被赶出竞技赛场。同样，能进行模拟高原训练的低氧室也有可能被禁止。至于高原训练，由于到高原上去是需要很大努力的，所以作为训练的一种有可能勉强被通过。而关于兴奋剂，在今后也会引发各种议论。

174 过了被认为是退役基准的 30 岁，肌肉还会变大吗？

从潜力来说，即使过了 30 岁，肌肉也会变粗。我们的研究小组已经确认的实例是，通过训练能使 104 岁的人肌肉增粗。所以，若只是纯粹地以强化肌肉为目的，与年龄几乎没有关系。

但是，随着年龄的增长，肌肉中快肌纤维的数量会减少。104 岁的人进行训练后出现的肌肉增粗，是由于当时还剩存的快肌纤维肥大引起的。也就是说，从年轻时就一直进行训练的人，并不是在到了 104 岁后还能够出现肌肉的进一步生长。

如果是平时不怎么训练的运动员在过了 30 岁后才开始进行真正的肌力训练，那么其肌肉就会有变粗变强的余地。但是，如果从 20 岁前就开始一直进行剧烈的肌力训练，且已经到了不能再变粗的极限状态，那么在 30 岁之后再让肌肉进一步变粗可能并不是件容易的事情。如果能够很好地刺激肌肉中还有增粗余地的部分，可能会使水平上升，但是作为肌力全体来说，随着年龄增长而衰退是毫无疑问的。

如果从成长期结束后的 17、18 岁左右开始正式投入训练，那么肌肉量增加的高峰期会出现在 30 岁左右。也就是说，如果是 27、28 岁左右的年龄，提高肌力是完全有可能的。肌力本来就不是一朝一夕，只用 2、3 年就能提高的。如果是基于科学理论而一步步地进行肌力训练，那么在经过 10 年左右后，肌力会因适应各种训练而变得强壮。

今后，随着训练科学的进步，运动员的鼎盛期可能会推移到更高的年龄。而以前被认为是退役年龄的30岁这个界线，可能也将会变成“现在正是鼎盛期”的年龄。

175 男性和女性的肌肉有差别吗？

关于这个问题，虽然有着大量研究，但并没有得出明确的结论。男性和女性的肌肉种类和质量没有差别是过去的普遍观点，但近来也出现了认为稍有区别的观点。这个观点认为，女性的慢肌纤维好像有更多一些的倾向，也就是说，女性在耐力方面可能比男性更高。但是，相对于男女性别差异，肌纤维的种类受遗传性的个体差异影响更为强烈。所以，并不能说所有女性的耐力会比男性高。

另外，在肌肉分布方面有明显的男女性别差异。男性和女性的身体一看就有区别吧。和其他的动物一样，人也具有雄性和雌性的性特征差异。而这主要表现在上半身肌肉。男性与女性相比，肩周围以及上肢周围的肌肉（斜方肌、三角肌、上肱肌等）更粗。但在下半身肌肉（臀大肌、股四头肌、大腿后群肌等）方面，男女的性别差异却并不大。

在12岁至16、17岁的青春发育期，男女身体差异就会开始显得突出。由于雄性激素的大量分泌，男性上半身肌肉会开始发达。而对于女性来说，雌性激素并不是为了肌肉，而是为了在乳房的形成以及体脂肪的分布等方面更加女性化而起着重要的作用。

为什么会是上半身肌肉呢？那是因为，上半身接收雄性激素信号的受体数量更多，所以更容易受到激素的影响。在成人后注射合成代谢类固醇类雄性激素，斜方肌以及肩部等受体数量更多的部位会异常发达。因此，对于使用了肌肉增强剂的运动员，像我们这样的专家从外观上就可以在一定程度上判断出来。

在从事需要上半身肌力的运动项目时，女性要比男性需要更多的锻炼上半身的时间。而且，在有些竞技项目上，男女并不应该进行同样的训练，而是要根据男女性别差异来考虑上半身和下半身训练时间的分配方法。对于女性的一般性训练，进行稍轻负荷、更多次数的训练方法被认为更加有效。

只是，也有研究报告认为，如果从训练后肌肉的相对增长幅度来看，并没有很大的男女差异。也就是说，如果实施男性的训练计划，女性的肌肉也同样有可能变粗变强。因此，也许并不需要特别在意只针对女性的训练菜单。

176 女性在肌力训练上需要注意的是什么?

就像问题175说明的一样，女性和男性的肌肉有着明显的差异。如果忽视这个差异而进行肌力训练，非但不会获得效果，而且还会有受伤的风险。为了防患于未然，首先应该了解只有女性才具有的特点。

本来，女性的肌肉量就是男性的70%左右。特别是从脖子到上肢周围的肌肉（斜方肌、三角肌、上肱肌等），由于在成长期很容易受雄性激素的影响，因此会有明显的男女差异。相反，下半身肌肉（臀大肌、股四头肌、大腿后群肌等）的差异则较小，是男性的80%~85%。因此如果训练方法得当，就可以练出像速度滑冰选手那样的、男性般健壮的大腿。

如果了解了这些体型上差异，训练方法或者对比赛的安排自然也应有所改变。现在，体育界中不分男性和女性而采用同样规则进行比赛的情况逐渐增加。但并不能因此而使女性运动员像男性那样过度地使用上半身肌肉，因为这样会使她们很容易受伤。相反，如果女运动员能够很好地强化这一部分，也有可能大幅度提高其比赛成绩。

肌肉肥大的速度方面，在通过训练增粗肌肉时，激素会起到一定的作用。由于女性几乎不分泌使肌肉增粗的雄性激素，所以，在这一点上男性可能也是更有利的。

但也有这样的研究结果，就是在完全相同的条件下，在规定期间进行同样训练时，肌肉量的增长比例几乎没有男女差异。这是因为，即使在性激素方面存在很大差异，如果训练方法得当，生长素的分泌几乎是一样的。也就是说，如果对女性的训练方法得当，也可以使她们的肌肉像男性一样增粗。由于女性上半身肌肉从开始就与男性有着很大的差距，所以会很难逾越。但是下半身差异并不那么大，因而在这一方面超越男性并不是件很困难的事情。

女性中还有既想要进行肌力训练，又不想使身体中有过多肌肉大块的人。从外观上给人“大块头”印象的还是肩部和上肢部分。因此，如果在这一带进行减轻负荷而增加次数的训练，就可以在不失去女性化外观的情况下使肌肉得到强化。

最后，谈一下月经等女性特有的问题吧。闭经前的女性有着其特有的性周期，而且体内的激素环境会随着月经节奏而发生变化。所以，女性不能像男性那样总是采用同样的方式进行训练，而是应该在把握好自身身体状态的基础上进行训练。其实，在月经期到结束后不久的这段时间，从激素环境来讲是容易出训练效果的时期（请参照问题188）。所以，如果利用好月经期，就应该能带来很好的训练效果。也许，优秀女运动员都会巧妙利用包括月经在内的身体节律吧。

177 日本人的“推力”强于“拉力”吗？男性是“推力”强，女性是“拉力”强吗？

虽然没有学术数据，但是日本人“推力”强大，在举重界是公认的。

比如说，在卧推的世界纪录中有很多都是由日本人创造的，而且350公斤的世界最高纪录也是由日本人创造的。因此，即使与外国人相比，日本人的“推力”也是很强的。

与此相反，在“拉力”方面日本人却有相对较弱的倾向。由于日本人背部的肌肉量要明显少于欧美人，因此，即使拼命努力训练，也很难练出像欧美人那样隆起的后背，何况，这里还有人种的差异，所以，克服这个差异是非常困难的。在划船比赛上胜不过外国运动员，虽然也有臂长上的问题，但是不是与“拉力”方面的这种差距也有关系呢？

关于男性“推力”强而女性“拉力”强这个问题，回答是肯定的。我们也通过实验进行了验证。

例如，从男女肘部的屈肌特征的调查结果来看，对于离心收缩肌力，也就是前臂被下拉时，为了不被拉开而努力抵抗的力量，女性要比男性更高。也就是说，在拉力方面，女性更顽强，而男性更脆弱一些。

但在“推力”方面，由于体型上的原因，男性更强。在胸大肌、三角肌和肱三头肌的发达程度上，男女之间有非常大的差别，所以在卧推这样的项目上会出现显著的男女差异。而做不了俯卧撑的女性也有很多吧。与卧推相比，在杠铃硬拉或者划船练习等需要拉力的项目上，男女性别差异就会变小。

178 在健身房如何有效地减肥？

如果想要在运动中减少脂肪，那么可能只有进行有氧运动才可以。只是，如果是作为短时间内快速减肥的手段，对有氧运动抱有太大希望是错误的想法。因为，有氧运动的热量消耗并不那么高。

比如，即使进行一个小时的步行练习，热量消耗也只有150千卡左右。假设其中的一半，即75千卡是使用了脂肪，那么以重量计算只不过是10克左右。也就是说，如果想要减轻1公斤的体重，就要步行1小时×100次。这意味着，就算每天都进行练习，减轻1公斤的体重还是需要3个月左右的时间。虽然有氧运动确实可以减少脂肪，但只做1次就能减掉全部脂肪是不可能的。

其实，将有氧运动和肌力训练有效结合起来会使脂肪的减少量显著增加。而且很重要的一点是顺序！先做肌力训练再做有氧运动，与先做有氧运动再做肌力训练相比，脂肪的代谢会高出很多。

在我们的研究中也发现，虽然在以肌力训练→有氧运动的顺序进行运动时，脂肪代谢会显著上升，但是，在以有氧运动→肌力训练的顺序进行运动时，即使进行了强烈促进生长素分泌以及交感神经活化的肌力训练，却完全不能引起激素分泌，而且也不能分解脂肪。在特意进行了肌力训练后，如果不出现生长素分泌，就不会出现多少肌力训练效果，而且从生长素引起的脂肪分解这一点来说也是绝对不利的。

顺便提一下，在以减少脂肪为目的进行肌力训练时，锻炼腿、胸、背等大的肌肉会更为有效。因为肌肉越大就越能促进激素分泌以及交感神经活跃，而脂肪也能得到更多的分解。

由此可以推断，如果想要在健身房减少脂肪，先通过肌力训练来锻炼大的肌肉，然后休息一会儿，再进行有氧运动，这样的顺序应该是最有效的方法。

179 通过电刺激能使肌肉肥大吗？

虽然通过电刺激增加肌力的产品在电视等媒体里常被介绍，但如果真的想要使肌肉变粗，那就需要使用可能伴随疼痛程度的、相当强烈的电刺激。而使用只有颤动程度的那种电刺激，并不会形成像健美运动员那样的肌肉。

但是，如果选择用于康复等方面的优质电刺激器械，并设定好频率，就可以在感觉不到那么疼痛的情况下适当地刺激肌肉。

如果只是局限于肌力训练来讲，电刺激是用于强化某一目标肌肉的局部。如果想用电刺激来强化腿的全部，那就会相当麻烦，反而是做肌力训练会简单得多。此外，因为并不是在动作中使用肌肉，所以从内部和外部的平衡上来看，会形成不充分的运动。就像在问题 20 里已经回答的那样，从基本原理来讲，肌肉是为了适应负荷才变粗的，所以，努力举起很重的东西是最有效的方法。对于年轻人来说，如果不使用 65%1RM（请参照问题 40）以上的负荷，肌肉就不会出现增长。而使用 80%1RM 左右的负荷，连续举到自己的极限为止是最为有效的刺激。

只有进行运动，肌肉才会变粗。如果只是在家里躺着，那么即使拼命注射肌力增强剂，肌肉也不会出现增长。但是，从使肌肉兴奋这一点上来讲，运动和电刺激却起着同样的作用。所以，并不能说电刺激本身没有意义。

第1章
第2章
第3章
第4章
第5章
第6章

另外，还有这样的实验结果。对兔子进行连续 3 周左右的电刺激后，快肌纤维完全变成了慢肌纤维。白色的肌肉变成了红色，身体也稍微变小。也就是说，如果持续进行不充分的电刺激，肌肉不仅不会变粗变大，反而会逆向发展。只是，如果是以通过降低体脂肪变瘦为目的，颤动程度的电刺激也可能是有效的。

180　电刺激疗法对肌肉会产生什么样的效果?

在问题 179 里也说明过，用电来刺激肌肉，肌力确实有增长的可能性。但是，如果想要形成通过训练获得的那种肌力，就需要施加甚至可能发生昏厥那种程度的疼痛刺激。最近，由于研究出了用电刺激来有效锻炼肌肉的 EMS（Electrical Muscle Stimulation）运动法，因而在这方面可能也在逐渐得到很大改善。

现在的问题是，要是对肌肉施加电刺激，就会使感觉神经也会遭受刺激。肌肉里有很多感觉神经，由它们来感觉疼痛或者察觉环境的变化。所以，就像用注射针刺入时会产生疼痛一样，施加电刺激也会发生疼痛。那么能不能不刺激感觉神经，而选择性的只刺激肌肉呢？这成了 EMS 的课题，而厂家方面也在研究不刺激感觉神经的电波的同时，通过改变频率、调制频率以及在低频率上加高频率等方式，进行了各种改良。其结果，好像快要制造出了感觉不到那么疼痛，却能使肌肉收缩的刺激。尽管如此，它还远没有达到完美的程度。如果想要用电刺激来取代肌力训练，好像还需要一定的时间。

只是，如果能够想办法将电刺激和加压训练（请参照问题88）等组合起来，说不定可以获得比只进行电刺激更好的效果。而我们也已经进行了基础的实验，并得出了非常有意思的结果。一种是在大腿贴上电极，用尽可能不对神经产生刺激的方式进行电刺激，另一种是在通过加压来控制血流的情况下进行同样的电刺激，并观察两种条件下生长素的分泌情况。结果，只用电刺激并没有出现生长素的分泌，但在加压之后却确认到了生长素的分泌。由此可以看出，如果能够将电刺激与某些刺激进行组合，那么在不久的将来，用电刺激来替代肌力训练并不是完全不可能的事情。对于卧床不起的人以及衰弱到无法行走的人，如果在进行加压的同时对其施加电刺激，也许就能够获得更好的康复效果。即使只从这个意义上来讲，电刺激疗法也是值得关注的领域。

181 日光与肌肉有什么样的关联性?

在动物身上并没有像植物那样的光合作用。如果我们体内也存在着能够巧妙利用日光那样的系统，那么目前深刻的环境问题也可能不会发生。这是非常遗憾的。

之所以会有这样的疑问，可能是因为像健美运动员等肌肉发达的人中，有很多人是晒黑的原因。但并不是进行日光浴就能使肌肉发达。只是，晒黑后肌肉看起来的确会显得更好看。在健美比赛的舞台上，肤色黑的人显得肌肉更加紧绷是绝对的。而如果肤色白的话，肌肉的棱角就会显得模糊，评价肯定也会下降。所以，健美运动员都会晒黑。

只是，进行日光浴会使人体直接受到紫外线的强烈照射。就像众所周知的那样，紫外线能够引发皮肤的各种问题。它会使细胞中产生活性氧，造成皮肤细胞本身变弱。这不仅会导致黑痣、皱纹和皮肤下垂等情况，弄不好还有导致皮肤癌的危险。所以，过度的日光浴是绝不推荐的。在皮肤科医生中，可能不会有人推荐频繁进行日光浴吧。肌力训练重要的是“适度”，而对于日光浴来说，也是一样的。

虽说如此，但并不是说完全不晒太阳是最安全的。几年前，新闻中报道了被监禁 9 年的少女被发现的消息，而在被发现时，她连正常走路都做不到。虽然存在没有摄取到足够营养的因素，但一直呆在封闭的房间里也可能是原因之一。对形成骨骼必需的维生素 D 只有在受到阳光照射时才能生成。因此，如果想要让骨骼结实，那么还是需要在接受适量阳光照射的条件下健康地进行活动。

182 出汗与训练效果有什么样的关系？

在出汗量与训练效果方面，可能基本上是没有直接关系的。不管怎么说，出汗主要是为了冷却身体的自然反应。因此，就算强迫自己出汗，也不会提高训练效果。

我们来想想“错觉”和“误解”吧。首先是关于“出汗会减肥”的想法。觉得在大热天穿着桑拿服慢跑就会变瘦了的人很多吧。而这在某种程度上来说是一种错觉。虽然水分的确会减少，但是，由于体内的水含量会一直保持在60%的正负4%水平，因此，会很快恢复到原来的水平。像拳击运动员或者有体重限制的运动员，通过出汗的方式来减轻体重是因为除此之外没有了其他办法。将身体弄成干巴巴的状态，只是为了在量体重的瞬间减轻体重，而这与减肥目的是完全不同的。因此，如果想要减轻体重，不应穿厚重的衣服，而是应该穿既通风又舒服的服装以便提高运动能力本身，效果才会最好。

还有，对于人们常说的“脂肪越多越容易出汗”这种说法可能也要加上问号。其实，在谈论到脂肪多少的问题之前，体格较大的人首先是更容易出汗的。体格越大，其相对于体重的体表面积就越小。与此相对，体重越小则相对体表面积就越大。也就是说，体格越大，热量就越容易在身体中积累，而不容易向外扩散。因此，如果不通过出更多的汗来冷却身体表面，体温就不能下降。所以，体格越大就越容易出汗。由于力气大且肌肉多的人经常出汗，因此可能会认为出汗一定会有训练效果。但事实是相反的，由于肌肉增多造成了体格变大，所以形成了不得不通过出汗来冷却身体的结果。

最后，有时候会在格斗类项目运动员那里听到“进行拳击等击打类的训练时会出干汗，而进行摔跤等组合技术类训练时，会出粘汗”的说法。这可能是错觉。只是确实存在这种状况，就是在运动开始阶段，所出的汗液中盐分含量会相对较高，而在之后随着运动的持续继续出汗时，为了不失掉盐分，会出稀汗。特别是在像拳击那样耐力要求非常高的运动中，在训练后半程出现像水一样的汗液也是当然的。而且，说不定会产生一种适应性变化，就是随着这种训练的积累，为了不失掉矿物质而在更早时间出现不含矿物质的汗液。

183 什么是“肌肉控制”?

这是健美用语。就是能够控制一般人控制不了的肌肉，并自由进行动作的能力。大家也看过健美运动员抽动胸肌吧。当然我也能做，但这只能说是最原始的肌肉控制。在健美运动员中，还有能啪啦啪啦活动肩胛骨的人。

抽动胸肌或者啪啦啪啦活动肩胛骨本身其实并没有什么太大的意义。重要的是能否将意识传达到全身的肌肉。在健美比赛中，摆姿势时必须让全身肌肉用力，这也可以说是特殊的技能。例如，对一般人来说，在全力隆起胸肌的同时保持腿部肌肉紧张会比想象中更难，只有在进行了相应的训练之后才能完成。

由神经系统进行的对运动的控制被称为“输出依赖型”。如果是通过电脑来控制机器，那么只要将写好的程序输入电脑就可以了。但对人来说，并不是只要将程序输入大脑就能做到。最简单的例子就是婴儿。刚出生的婴儿，一开始只会盯着自己的手看，但过不了多久就能按自己的意思让它动起来。这可能是因为婴儿在看到大拇指和食指活动时，认识到了会发生这样的事情，并在头脑里逐渐构筑了每一个动作。从而在“这样做以后，就出现了这样的结果”的重复过程中形成了脑的机能。

肌肉控制也是一样的道理。一般人即使想要抽动胸大肌，但因为没有多少肌肉就会看不到胸大肌，所以也就无从学起。与此相对，健美运动员以及竞技运动员由于有着充足的肌肉，因此可以很清楚地了解并能够感知肌肉。也就是说，通过眼睛确认的方式反复进行动作，才能逐渐进行正确的控制。因此，做肌肉控制的前提条件是需要具备一定程度的肌肉。

184 表情肌能得到锻炼吗?

脸部肌肉能得到锻炼吗？这是很难解答的问题。因为，无法取得详细的数据。

其实在几年前，因接受某化妆品厂家的咨询曾做过准备性的测试。那是“表情肌训练”刚开始流行时的事情。其实表情肌有很多的肌肉，如眨眼睛时使用的眼轮肌、抬上唇的上唇举肌、笑时使用的脸颊的笑肌、嘴周围的口轮肌等，而通过张大嘴巴或者紧闭眼睛等方法使表情肌得到锻炼，以获得小脸效果或者抗衰老效果的，就是表情肌训练的逻辑。

但是通过实际调查发现，这是很难掌握的。因为表情肌的各个肌肉都非常薄。而通过使用 MRI（磁共振成像）以及超声波等的观察发现，如果想用数据来表现表情肌是如何随着年龄增长而衰老的、通过训练是如何变粗的等几乎是不可能的。因此，现在所说的关于表情肌的观点几乎都是经验之谈。

表情肌虽然很单薄，但却充满了神经。没有表情肌比人更发达的动物。正因如此，人类才制造出了细腻的表情以及复杂的语言吧。

因为是如此地重要，所以应该是越用越发达，而且有时还可能使机能得到提高。如果平时表情丰富或者有意识地活动脸部肌肉，可能会有肌力提高的效果。

随着年龄的增长而出现口角下垂或者眼皮下搭等也可以认为是表情肌活动衰退的表现。虽然不知道这是由于肌肉变细造成的，还是由于发出指令的脑神经本身的活动衰退造成的，但无论如何，如果能够经常使用就应该能够提高它们的机能，所以，“脸部的肌肉锻炼”也并不是没用的。

185 为什么快球投手、直拳强的拳击手的身体比想象中的细?

投球快的投手、直拳强的拳击手的确会给人身体较细的印象。而在同样的竞技项目里，力量型棒球打手、勾拳型的胳膊粗壮的攻击型拳手中身体粗壮的人却很多。这是为什么呢?

为了投出快球或者打出很强的直拳，伸臂越长越有利，因为上肢越长，就能获得更长的加速距离。实际上，在职业联赛中大显身手的运动员中，确实有很多人是上肢较长的类型。

只是，如果在长臂上附有很粗的肌肉，就需要有惊人的肌力。因为这就类似于转动又粗又长的圆木头。当然，为了给长臂加速，基本肌力是必不可少的。特别是躯干侧必须有一定的肌肉。但是，由于胳膊变粗会不利于快速运动，因而上肢变细是必然的。另外，或许是由于上肢很长的关系，即使长了肌肉也可能不会觉得粗壮。

无论是棒球中的投球还是直拳，最基本的是肩的内旋动作。这跟摇体温计时的动作是一样的。在做这个动作时，由于会同时使用胸大肌和背阔肌，所以在躯干要有充分的肌肉才会更为有利。可以说，四肢较细而躯干结实，是成为快球投手或者直拳手的基本条件。

因为投球的速度以及直拳的强度有一部分决定于体型，所以需要有一定程度的先天素质。但是，也并不是无法通过提高肌力来提高的，问题是去增加哪里的肌肉。如果进行有意识地提高上肢末端速度的训练，那么出现效果将是肯定的。

186 发出大声会使爆发力提高吗？

这是真的。

这被称为“呐喊效应”。有这样的实验结果，就是在发挥最大肌力的状态下，“啊—”地发出大声时，肌力会提高5%左右。

即使自认为是100%地完全发力，但由于大脑的抑制作用，人的肌肉并不会被全部使用。如果没有了这个抑制作用，人就能够发出像“火场上的傻力气”那样的、平时发不出的力气。这种结构是体内固有的。有这样的报告，就是使用兴奋剂、觉醒剂或者催眠术会使最大肌力增加。也就是说，人体内还有很多沉睡的力量。

呐喊效应有着相当大的个体差异。有些人的最大肌力会因发出大声而增加，有些人反而会减少。这恐怕是由于后者将意识过于集中在发出大声上，而忽视了发出肌力。此外，对于不善于在别人面前发出大声的人来说，有可能会因为发出声响反而使肌力出现萎缩。所以，并非每个人都会因发出大声而使肌力增加。如果认为自己是属于发出声音能增加力量的类型，那就可以积极地发出声音。如在训练的最后，需要再加一把劲的时候，可以试一试“啊—”地呐喊出来。

在田径投掷比赛中，投掷时不是有很多大声呐喊的运动员吗？他们可能是从经验中体会到了这样做能够提高竞技能力。对于这种类型的人，如果勉强地抑制发声反而有可能会使其无法创造好成绩。另外，在空手道等武术练习中，也会一边出声一边进行刺击以及踢打动作。也许，这也是在长期的历史过程中，体会到了这么做能够增加技术威力的缘故吧。

187 为了使肌肉的质量更好，在幼儿期就应该做的是什么？

与其让孩子们做这个或那个，还不如让他们做各种各样的事情。

这是因为，幼儿期的肌肉类型都是均等的，白肌和红肌的类型（请参照问题 7）还没有被完全分开。由于白肌是后天形成的，所以可以认为幼儿期的肌肉全都是红肌。也就是说，个体差异很小，几乎都是耐力型。

到小学低学年为止，不管是短跑还是马拉松，只要是跑，就能“哇—”地冲过去，而且能跑得很多。虽然对于成年人来说，慢跑和短跑是完全不一样的，但对于小孩子来说，与运动性质的差异并没有多大的关系。

到了小学的中学年左右（10 岁前后），肌肉类型就会开始逐渐分开。由于会因人而异地产生白肌和红肌的比例之差，因此也能明确地区分出是善于爆发性运动还是耐力运动。而且这也是第一次知道进行长跑会累的时期。到了这个时期，就能确定自己更适合于什么样的运动，而自己喜欢的运动也会因此而决定下来。

在肌肉还没有出现个体差异之前，与其重视肌肉质量，不如为了提高动作质量而努力进行多种类型的运动。这是因为，在小的时候，神经系统的能力会先于肌肉发达。如果在这个时期能够掌握各种动作，成长后就能更容易适应各种运动。

不是说，越难的运动就越需要从小开始吗？这是为了使动作程序在神经上扎根。也就是说，在幼儿期，相对于肌肉本身，更应该考虑运动神经的发展。

188 在月经期肌肉不容易增长吗?

虽然不能断言，但从女性身体机制来说，答案倒有可能是NO。感到肌肉不容易增长可能是由于身体不舒服的缘故吧。

女性的身体节奏非常复杂，分泌的激素种类和量也会时时刻刻发生变化，而且还有很大的个体差异。因此，不能一概而论地认为在月经期间会出现某种变化。只是，在一般情况下，月经期间肌肉可能更容易增长。

其实，雌性激素在即将排卵时会大量分泌，而在月经期间分泌量会显著降低。雌性激素具有存储脂肪、增加脂肪以及抑制肌肉生长等作用，因而对肌肉变粗会有负面影响。也就是说，雌性激素分泌量上升时是不适合肌力训练的激素环境状态，而肌肉在这一时期也不容易增长。相反，在雌性激素分泌量下降的月经期肌肉反而会容易增长，而且也容易进行剧烈运动。

实际上，在欧美国家的女运动员中，好像也有人特意利用月经期进行剧烈训练。只是，在月经时会因人而异地出现各种情况，如出现腹痛以及腰痛等症状，或者觉得身体不太舒服、情绪有变化等。因此，不能说“一定要在这个期间进行这样的训练”。

对于不得不进行剧烈训练的人，最好还是首先通过每天测量基础体温等方式正确掌握自身节律和身体状态。不必过于在意肌肉容易增长的时期或不容易增长的时期这种一般见解，只要在自己认为的最佳时期进行肌力训练就可以了。

189 怀孕会使力量增大吗?

人一旦怀孕，就等于体内多了一个人。而对于这个胎儿，需要用营养以及体力等来守护。由于需要具备对外来敌人的抵抗力，所以身体中就会出现想要变得更加强壮的反应，如血液量、最大摄氧量、心输出量等会出现增加。也就是说，会发生类似于进行耐力训练后出现的那种变化，从而使体力增强。虽然没有肌力本身得到提高的测试数据，但很可能会出现爆发力增大的现象。

只是，随着妊娠期的延长，体内会发生各种变化。而激烈运动会造成腹压上升，从而形成流产的风险。因此，除了在生产时之外，最好不要进行突然强烈用力的动作。

如果能够掌握好要领在大型比赛时恰好处于妊娠期，就有提高成绩的可能性。但是，就像在奥运会上也被禁止的那样，在怀孕状态下参加比赛，无论在道德上还是肉体上都不是什么好事，不仅对胎儿不好，母体也会有出现危险的可能性。如果知道已经怀孕了，最好还是不要进行需要很大力量的训练。由于女性的激素会随着性周期而发生很大的变动，所以，有时会出现参加比赛的时机影响其成绩的情况。事实上，虽说现在好像允许通过使用避孕药来进行控制，但与男性相比，女性还是会有很困难的问题。

190 随着气候的改变肌肉肥大的速度会发生变化吗?

在关于气候的差异方面有一个例子，就是健美界的专业顶级选手好像都集中在洛杉矶周边地区。虽然那里有很多顶级选手所属的有名的健身房也是理由之一，但是加利福尼亚的气候一直是很温暖的。如果能够一直在安定而暖和的环境中进行训练，那么从一年的角度来看，说不定会出现很大的差异。

在举重方面，由于俄罗斯和匈牙利也很强，所以不能一概而论。但只是针对家畜的畜产学领域的很多报告认为，环境温暖会使其肌肉更容易增长。羊、猪、鸡等在 28℃的环境中饲养时，其肌肉最容易发达。气温只要稍微下降，体脂肪就会增加，因此，如果要想不增加体脂肪而只是让肌肉增长，那么 28 ~ 30℃可能是最适宜的。

只是，这个数据不能直接应用于人。因为在积极地进行训练时，如果气温较高，就会很快出现发生疲劳的负面效果。因此，请将这些只是作为一个参考来考虑吧。

191 饮酒和吸烟会对肌肉产生负面影响吗?

首先从饮酒方面开始吧。目前已经了解到，少量饮酒反而会有利于健康。例如，有防止动脉硬化以及增加食欲的效果。因此，酒本身绝对不会产生负面影响。

但是，过量饮酒就会发生问题。酒精是在肝脏中被分解为乙醛的，而肝脏的容量却有限度。当超过了这个限度，酒精就会留在血液里，并对中枢神经以及肌肉等产生负面影响。直截了当地说，如果饮酒过量，肌肉就会发生全面的分解。实际上，酒精中毒的人，肌肉量会出现剧减。

在努力进行训练之后，如果喝酒喝到宿醉的程度，那么简直就跟二律背反一样，进行着毫无意义的事情。因此，在自己身体能够处理的范围内适量饮酒还是非常重要的。

接着再谈谈吸烟方面吧。对所有的运动来说耐力都是很重要的因素。为了提高耐力，需要先进行训练，然后休息，在得到恢复之后再进行训练，而吸烟会使这个“恢复能力”出现问题。这个恢复能力是需要有氧能力的，因此，抽烟绝对没有什么好处。此外，认为大重量、低次数的训练是无氧运动而觉得吸烟也没问题的想法是错误的。因为，这一定会产生负面影响。

虽然戒烟是最好的，但由于吸烟是一种习惯，因此，如果勉强戒掉的话，有可能会在精神上产生不安。酒也是一样的，如果想要控制平时经常喝的量可能也不是那么简单的事情。所以，最终还是取决于个人的判断。总而言之，最好还是认识到吸烟和过量饮酒会对身体产生负面影响。

192 在饱腹时和空腹时训练，哪个效果更好？

可能哪一个都不好。

在饱腹状态下训练，消化物就会停留在胃里，使消化吸收效率变得极差。因此，至少在饭后 30 分钟时间内不应该进行剧烈的运动。另外，在消化吸收不良的状态下持续运动，还会出现因不能感觉到饥饿而不能适时补充能量的情况。

相反，当饿到肚子咕咕叫时，是血糖下降的状态。在这种状态下运动，肾上腺皮质素就会为了提高血糖而强烈分泌。而且，这个激素还具有将肌肉分解用来制造能量的作用。也就是说，会出现将当前的身体分解燃烧的情况。

因此，如果要进行训练，饱腹和过度空腹时都是不行的。只有体内储存着确保运动所需的充足能量，而且在胃肠中没有过多食物时才是最佳状态。

只是，在脂肪的燃烧度方面，饱腹时和空腹时是有区别的。有报告认为，从观察运动中能够燃烧多少脂肪的比较实验来看，空腹时会比饱腹时发生更多的脂肪代谢。因此，如果想要更有效地燃烧脂肪，在空腹时进行训练应该更有效果。如果在没有足够脂肪的状态下勉强地进行剧烈运动，那么由于能够使用的脂肪量不足，还是会将肌肉进行分解，并作为燃料使用。因此，虽说目的是为了减少脂肪，但如果在极端饥饿的状态下进行训练，反而可能会出现负面效果。

第1章
第2章
第3章
第4章
第5章
第6章

193 在训练后进行桑拿、冷水浴会有效果吗?

人的身体是通过高温状态和低温状态的交替振荡来改善循环的结构。

如果变热，在通常情况下体表的血管就会张开。这是因为，为了防止体内积攒热量，需要通过从体表散发热量的方式来冷却身体。可是，当达到桑拿房的热度时，为了防止外面的热量进入体内，血管反而会收缩。而从桑拿房出来时，又会为了冷却变热的身体而让血管张开。也就是说，外界温度的极端变化具有改善全身血液循环的效果。

竞技运动员会经常进行冰敷。这是对过度使用的部位用冰块等来彻底冷却的方式。当冷却到没有感觉的程度时，血管就会紧缩。虽然有很多人会很自然地怀疑这样做可能不好，但是，由于在取下冰块后血管会张开，因而能够促进包括肌肉在内的末端循环。基于同样的理由，进行桑拿或者冷水浴等，在调整方面也是有好处的。出汗后感觉舒服，或者觉得啤酒的味道更好仅仅只是一个方面。

此外，如果对肌肉加热到 40℃左右，在肌肉中就会产生被称为热休克蛋白的物质。最近逐渐了解到，它还能够起到使肌肉肥大的作用。因此，通过桑拿的方式强烈地对身体加热，说不定会有使肌肉变大变强的效果。

桑拿也分类型。日本的桑拿是 90 ~ 100℃的高温，因此，仅仅从桑拿房回到 20℃的室温，就有 80℃的温度差。这可是相当强烈的冲击。因此，就算不特意再进行 10℃的冷水浴，实际上也不会出现太大的差异。虽然冷水具有快速带走热量的效果，但也有可能会由于刺激过大而发生危险。因此，如果是还没有习惯的人，回到室温可能就足够了。如果感觉这有些不够时，再慢慢过渡到冷水浴就可以了。

194 有抗衰老的有效肌力训练吗?

抗衰老这个词汇好像在没有被正确理解的情况下就已经开始使用了。其原意是尽量防止随着年龄增长而出现的生理功能的降低。最容易受年龄增长影响的功能中，具有代表性的是心脏、肾脏以及呼吸循环功能等。而如果能够从总体上抑制这些功能的下降，那就应该可以防止全身的逐渐衰老，也就能够延长健康寿命。这就是对“抗衰老”的思考方式。可是，不知什么原因，也有人把在松弛的皮肤上注射透明质酸这样的方式称为“抗衰老”，这好像正走向有些奇怪的方向。

通过维持心脏的工作来保持年轻的血管系统，也是“抗衰老”中非常重要的一环。同时，通过防止肌力下降保持年轻的身体，不仅对年轻的外观，对血液循环或者代谢等方面也是非常重要的。特别是通过训练来维持很容易受年龄影响的肌力，会非常有效果。

在肌肉中，既有容易受年龄增长影响的肌肉，也有不易受年龄增长影响的肌肉。容易受影响的是股四头肌和臀大肌，还有作为躯干肌肉的腹肌、背肌等。当年龄从 30 岁增加到 70 岁时，这些肌肉的粗细和力量被认为会只剩下一半。可以说，这种极端的下降幅度，几乎可以比得上心脏功能的下降幅度。如果为了尽量防止其功能的下降，肌力训练就能成为保持目前肌肉的抗衰老方式。

如果通过肌力训练增加了足够的肌肉，出门时就不会觉得麻烦，而活动范围也会扩大。通过维持良好的肌肉进行郊游或者到远处散步，从广义上讲，可能也可以说成是“抗衰老”。如果能够积极地进行生活，心脏或者肾脏等机能提高的可能性也会很大。当然，努力进行多使用腿、臀部以及腹部肌肉的运动也是可以的。但是，如果是没有那么多富余时间或者使用体力过度会影响工作的人，通过肌力训练锻炼腹肌、背肌、臀大肌以及股四头肌等会是捷径。

仅仅为了好看和帅气，而只锻炼胸部和上肢肌肉是错误的想法。还是应该通过强化肚脐周围的躯干以及腰腿，去过生气勃勃、健健康康的每一天。也许这才是通往所谓“年轻的”道路。

195 肌力训练对美容有效吗?

如果肌肉增加，基础代谢就会提高。通过实验已经确认的是，如果增加 1 公斤肌肉，基础代谢就会增加 50 千卡左右，而且这只是基础代谢，也就是不使用肌肉时的代谢，而如果使用肌肉的话，热量消耗就会更多。

这就意味着，即使吃得很多也容易转换成热量，因此不容易长胖。如果从全身美容的角度来看，可以认为这是一种效果。

还有，作为随着年龄增长而衰退的生理机能之一，内分泌系统的机能，也就是生长素、性激素、肾上腺皮质激素等各种激素的分泌量会下降。

为此，如果连续注射 3 个月的外源性生长素（填充疗法），从外观上来讲有时就能够感觉年轻了 10 岁左右。不仅会长出头发，而且白发和皱纹也会消失。由于激素还具有这种“抗衰老”效果，因此如果有可能的话，最好还是尽量预防内分泌系统功能的下降。

那么，为了激活内分泌系统，进行什么样的运动会最为有效呢？答案是，进行肌力训练是最好的方法。

如果仅从改善代谢的这一点来讲，除了肌力训练，有氧运动也是可以的。有氧运动可以使体表末端的循环得到改善，并由于出汗而使代谢活性增强。因此它也有它的美容效果。但不要就此满足，希望一定还要试试肌力训练。由于它能够激活激素的分泌，从而使皮肤代谢变好，因此会使美容效果倍增。不容置疑的是，这样会使皮肤更具有弹性，而且变得更加美丽。

196 有能使头脑更聪明的肌力训练吗?

有，但只是训练会对大脑进行良好刺激的意思。如果利用好的话，说不定会有提高学习成绩或者工作效率的可能性。

关于进行运动能否增加大脑神经细胞的这一问题，已经有相当多的研究报告。从研究结果来看，若希望对大脑产生效果，有氧运动可能比肌力训练更好。从让老鼠在跑台上跑的实验中已经了解到，被称为“海马”的部位神经细胞会出现特别明显的增加。

海马是管理短期记忆的中枢。实际上，在让老鼠长时间坚持进行类似于跑步那样的运动后，它们解决迷路问题的时间好像缩短了。在美国，可能是因为有很多这类研究结果的缘故，有些州还规定在小学上算术课之前一定要先安排体育课。

虽然人的大脑神经细胞很难调查，但却有大量的、通过分析脑波来调查大脑活动状态的研究。而如果将这些研究进行汇总分析，从激活大脑这一点上来讲，能够自己制造节奏的节奏性运动可能非常有效。其中，最有效果的是腹式呼吸。好像是一分钟4、5次，闭上眼睛反复进行腹式呼吸就可以了。此外，按照自己节奏进行的慢跑以及按一定的节奏咀嚼食物或口香糖等也会成为良好的刺激。而如果能够持续进行这些运动，被认为会使头脑逐渐地更加清醒，且具有即效性。

与这个机制有关联的是被称为“血清素运动神经元”的神经细胞。它能够起到使大脑全体保持冷静清醒状态的作用。血清素运动神经元活性的降低，有可能是造成痴呆或者“易怒”的主要因素。相反，如果活性提高，就很有可能使解决问题的能力以及运动能力得到加强。不仅局限于肌力训练，如果能够按照自己的节奏持续进行几分钟的恒定运动，就会由于这个神经元的作用在很多情况下使头脑变得清醒。

听说，亚里士多德一碰到难题，总是会边走边想。他还留下了“走会解决一切问题”这样的格言。而“形而上学”等著作说不定也是节奏运动的成果。因此，每天忙于学习的学生们试着学习一下亚里士多德会如何呢？

197 有对防止蚜虫病起作用的肌力训练吗？

若是说能够间接地对预防蛀牙起作用的方法倒是存在的。就是在肌力训练时采用端正的姿势，并注意牙齿的咬合。

人类的姿势总是会随着年龄的增长而受到破坏，而这会从55岁左右开始表现得非常明显。特别是对于女性来说，如果姿势的紊乱与骨质疏松症同时发生，不少人可能会出现驼背状态固定化的情况。因此，如果能够尽可能在50岁之前有意识地维持笔直的姿势，就可以获得显著提高防止驼背的效果。

那么，这里就会涉及到牙齿咬合的问题。从很早以前人们就已经了解到，脊柱发生前后左右弯曲的主要原因之一是牙齿的咬合。在牙科学会上有很多这样的报告，就是仅仅通过套上矫正牙齿咬合的护齿套，弯曲的脊柱就很快变得笔直了。也就是说，正确的牙齿咬合会影响到正确的姿势。

对于维持正确的牙齿咬合，除了护齿套之外，还有其他有效的方法，那就是肌力锻炼。在下巴不用力的状态下，想做卧推或者深蹲，很可能会做不了几个。其实，人类在发出很大力量时，牙齿的咬合会起到非常重要的作用。

如果能够养成伸直颈部肌肉，并将牙齿上下竖直咬住后进行训练的习惯，还会对矫正姿势产生作用。而且，一旦养成正确的咬合习惯，那么在吃东西时，咀嚼也不会只偏于一侧。而若牙齿没有了多余的负担，那么变成蛀牙的概率可能也会相应地降低。因此，有意识地注意着牙齿咬合进行肌力训练，很可能最终会对防止蛀牙产生作用。

只是，也有人认为在进行肌力训练时牙齿用力过度不好。实际上，生活中也能听到一些因为举重练习而使牙齿破烂的事情。但这可能与先天性的牙齿强度有关，或者说本来就有容易变成蛀牙的遗传素质。如果觉得自己的牙齿不是很坚固，那么考虑订做训练用的护齿套可能会更好。

但是，如果是那些甚至能使牙齿咬碎程度的力量练习项目，就不能进行太长时间。因为如果一直努力坚持，在牙齿被咬碎之前，首先会伤到别处。因此，对肌力训练也没有必要过于在意。顺便提一下，听说，王贞治现役阶段在击球时有非常用力咬牙的习惯，所以牙齿被磨损了很多。因此，相对于肌力训练等持续用力的项目，需要瞬间咬紧牙关的运动反而可能会对牙齿产生更大的影响。

198 对肌肉赞美的国家和否定的国家分别是哪里?

首先，日本在传统上可能是对肌肉持否定态度的国家。

就如同众所周知的那样，相比身体本身，在日本代代相传至今的是更尊重精神的传统文化。因此，对于身体上的肌肉并不抱有肯定的价值观。虽然最近这种状况有所改变，但相比强壮的肌肉，人们还是更倾向于苗条的身材。

与日本相比，欧美国家的人对于身体本身或者形成身体的肌肉持有相应的价值观念。看看那些在希腊以及罗马时代创作的雕刻作品，各种神的身体既优美又强壮。也有这样的趣闻，就是三岛由纪夫认为日本的文学之所以缺乏魄力，其根源在于身体的贫弱，于是才开始了对自己身体的锻炼。

可能有人认为日本文化起源于中国或者韩国，因此以为中国或者韩国也与日本相同，但实际上并非如此。从经验来讲，总觉得他们对身体或者肌肉的价值观要比日本高。健美运动在韩国也比日本有人气，而且已经到了日本根本无法与其相提并论的地步。在韩国，因锻炼身体而有很多肌肉的人被称为“棒身体”，并成为被憧憬的对象。实际上，以裴勇俊为中心的韩国明星们也都在健身房锻炼。受其影响，日本人也逐渐开始锻炼身体了。

约在20年前的日本，即使在竞技领域，身体能力或者生理学机能上的效果也并没有受到重视，而“弱也要以气势战胜”的精神在当时成为了主流。但在后来逐渐认识到，仅靠这些是根本无法与世界强手抗衡的。而自从有了这个问题意识之后，开始出现了像建立国立体育科学中心等的积极变化趋势。进行科学的分析，并千方百计提高身体能力的意识，在日本总算开始扎根了。

199 因人种的不同肌肉也有差异吗?

关于肌肉的人种差异，由于政治因素等方面的原因而并没怎么被研究。只是，有一项明确的研究结果，那就是黑人的腰大肌大约要比白人粗3倍。腰大肌是指处于肚脐内侧的深层腹肌，它起着上抬大腿的作用。由于它同时也是脊柱旁的肌肉，因此有可能正是这个原因使黑人中出现腰痛的人较少。这就是这个研究论文的结论。

腰大肌与运动能力有很大的关联。例如，短跑运动员等的腰大肌是非常发达的。换句话说，黑人天生就有着利于短跑的特点。而对泰拳运动员来说，这个肌肉越粗，他就越有可能发出更强有力的踢腿动作。由于针对黄种人腰大肌的数据很少，所以目前还并不十分清楚。可能是接近于白人或者稍微再细一些吧。因此可以说，日本人并不是天生的短跑运动员。

常听日本运动员说，“外国运动员的肌力本来就很强”。而事实上确实有这样的倾向。例如，体重100公斤的日本健美运动员，其去脂体重（肌肉量）要想超过80公斤是非常困难的。可是，同样是体重为100公斤的白人，其去脂体重的极限却是85~90公斤。因此，日本人从一开始就有5公斤的不利条件。而这也许是由于遗传基因不同造成的，或者是由于骨骼构造较小，从而使肌肉增长的空间较少造成的。

那么，肌肉的质量会是怎样的呢？在肌纤维成分方面，过去一直认为没有人种的差异。但最近的研究发现，黑人和黄色人种的快肌纤维种类有可能存在差异。也就是说，关于到目前为止一直被认为相同的快肌纤维的研究，已经进展到了制造快肌的遗传基因可能存在人种差异的阶段。

制造生成快肌纤维的、被称为 α－辅肌动蛋白 3 的蛋白质的遗传基因可以分为两大类。一种是能够制造正常蛋白质的类型，另一种是由于遗传基因发生突然变异而完全不能制造蛋白质的类型。目前的观点认为，如果不是正常类型，快肌就不能实现其全部的功能（请参照问题 20 和 21）。

通过对奥运会级别的投掷以及短距离竞技运动员的调查发现，他们几乎都属于正常型。但同时也得出这样的研究结果，就是耐力性竞技项目运动员中虽然也有正常型，但约有一半是属于变异型。从关于这方面的人种差异调查结果来看，包括日本人在内的亚洲人中约有 30%属于变异性，而非洲黑人的变异型比例却在 3%以下。也就是说，黑人有可能拥有更适合短距离竞技能力的快肌。

200 肌肉也有“创伤”吗？

创伤（心灵外伤）是指由于外界的强大压力造成的、持续留在心灵上不能得到消除的伤痕。与此类似，如果过度地使用肌肉，是不是也会给肌肉留下什么影响呢？答案是 YES。肌肉也是有创伤的。

进行剧烈的训练，有时会发生肌肉断裂的情况。有时甚至还偶尔能够听到健美运动员肱二头肌或股四头肌断裂的消息。世界顶级举重运动员在做深蹲时大腿肌肉撕裂的事故也是很有名的话题。

作为一个极端的例子，如果因过于剧烈的训练而留下肌肉损伤，基本上是不能得到修复的。即使将断裂的肌肉接上，还是会留下一些伤痕。特别是如果不断进行让肌肉作为制动器工作的离心收缩（请参照问题 43）运动，受伤肌肉的肌纤维甚至有可能会出现坏死。在这种情况下，虽然会出现为了制造新的肌纤维而进行的修复工作，但那也是有限度的。在不断重复修复工作的过程中，总有一天肌纤维的制造速度会满足不了需求。那么接下来会出现什么情况呢？将会出现对不足部分用结缔组织来加固的工作。因为作为身体来说，与其使用细胞来制作肌纤维，不如使用附近的结缔组织进行填补会轻松许多。

以结缔组织来填充，就会留下被称为“疤痕”的斑点状痕迹。这也可以认为是肌肉的创伤。即使肌肉量得到了恢复，但填充物毕竟还是填充物，竞技能力下降将是肯定的。不仅主动发出的肌力会下降，而且将变成即难伸张又难收缩的硬肌肉。

进行剧烈运动的人，相应地就要重视肌肉，并注意精心护理，尽可能避免肌肉出现创伤。对运动员来说，做不做护理可能将体现在是很快就结束运动生涯，还是在过了 40 岁后仍能维持很高竞技能力的差异上。这种差异大概不仅仅与随着年龄增加而出现的退化有关。当肌肉在不知不觉中受到伤害后，动用起来将会变得更加困难，其结果，很可能会导致竞技能力的下降。

在美国，早期阶段就已经充分考虑了这一方面，而且调整的重要性也渗透到了人们的心中。正因如此，在美国棒球大联盟竟有投手不能投多少个球以上的、让人觉得有些夸张的保护规定。而过了 40 岁的运动员还能够活跃在竞技现场，可能就是这种努力的成果吧。

201 肌肉有极限吗?

即不能肯定有极限，也不能断言没有极限。这是很难解答的问题。只是，与肌肉相关的记录不断被打破却是事实。

近 15 年来，即使在代表专业健美运动员最高水平的“奥林匹亚先生”比赛中，参赛运动员也不断表现出非凡的身体。像在 2005 年夺取大会 8 连冠的罗尼·科尔曼（美国）等人，你根本无法想象他们竟是与我们相同的地球人。就连曾有过世界锦标赛参赛经验的我也不禁为之惊叹。如果有机会的话，大家可以看一下他的相片，你肯定会惊讶地发现，人类的肌肉竟然能够如此地发达!

这是听人说的。在某一年的奥林匹亚先生大会上，世界排名第一的卧推运动员作为表演者来参加。这个人所属的团体可不是一般的团体。正统的举重比赛会加盟于 IOC（国际奥林匹克委员会）或者 JOC（日本奥林匹克委员会），也会接受兴奋剂检查。但这个团队不仅允许服用兴奋剂，而且对穿多少件卧推专用紧身服也没有限制。因为是“无限制规则比赛”，所以纪录当然也会不断地被打破。现在的正式世界纪录是 350 公斤左右，而在那个团体，竟然能够举起 400 公斤以上。

20 世纪 80 年代初，在我还是现役健美运动员时，日本人中还没有一个人能够卧推超过 200 公斤。当时，我也曾为了做日本第一个能够推举 200 公斤的人进行过努力。而现在，就算是服用了兴奋剂，但只是过了二十几年，竟然有人能够举起 2 倍的重量，这不禁让人感受到人类惊人的潜力。

只是，听说在奥林匹亚先生比赛的表演节目中，在那个人要举起接近于自身最高纪录重量的一瞬间，臂骨发生了断裂。这一事件让人在感受到人类可塑性的同时，还认识到这一重量可能就是人类骨头能够承受的极限。

在跑步能力方面，能够回想起的是1988年汉城奥运会。当时，本·约翰逊（加拿大）在100米跑比赛中以9秒79的成绩创造了世界新纪录，但后来由于兴奋剂检查出现阳性而被取消。此后，人们一直以为不会再出现这种超人的成绩。但在过了约10年以后，莫里斯·格林（美国）就已经追上了这个成绩。到了2007年，阿萨法·鲍威尔（牙买加）创造了9秒74的成绩，而在2008年的北京奥运会上，尤赛因·博尔特（牙买加）又以9秒69的成绩刷新了世界纪录。

从上述内容可以看出，关于人类运动能力的纪录好像还有提高的余地。再过30年，不，再过20年，随着弄清科学训练的本质，在自然状态下出现能够卧推400公斤的人也不是什么奇怪的事情。因此，在人类的肌肉方面设定极限可能还为时过早。

［附］全身和各部位肌肉分布图

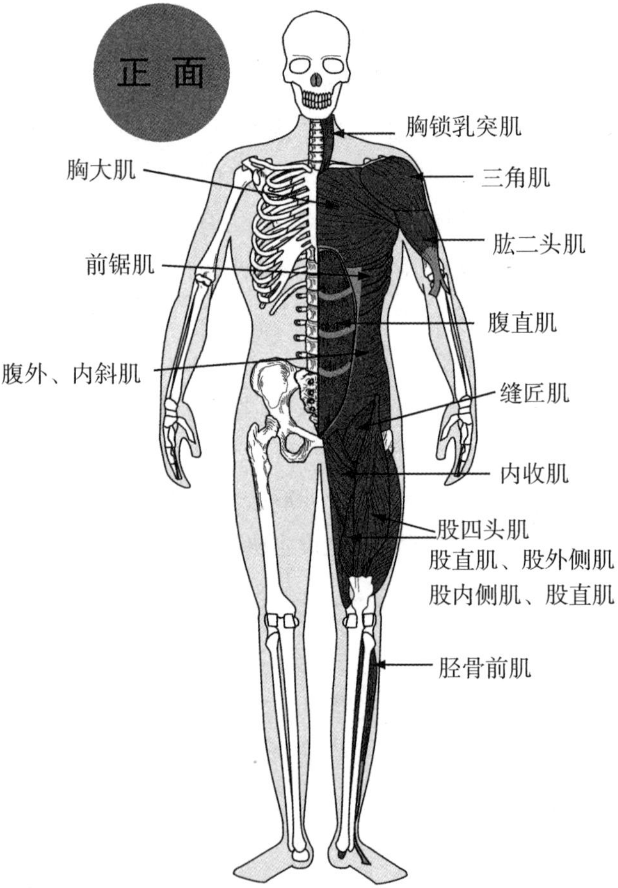

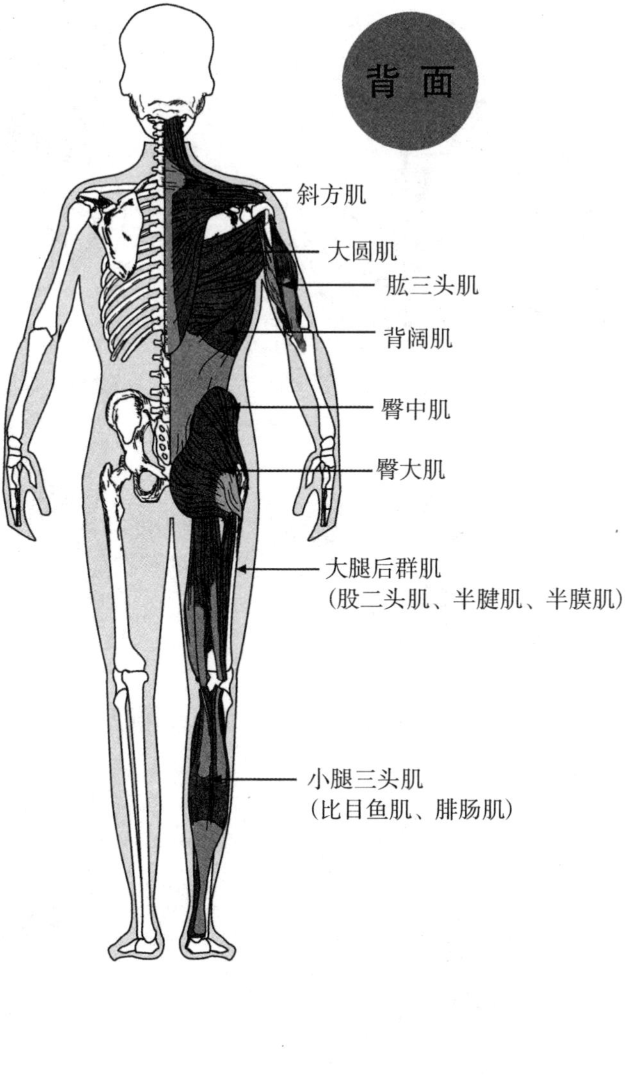
背面
斜方肌
大圆肌
肱三头肌
背阔肌
臀中肌
臀大肌
大腿后群肌
（股二头肌、半腱肌、半膜肌）
小腿三头肌
（比目鱼肌、腓肠肌）

腹直肌

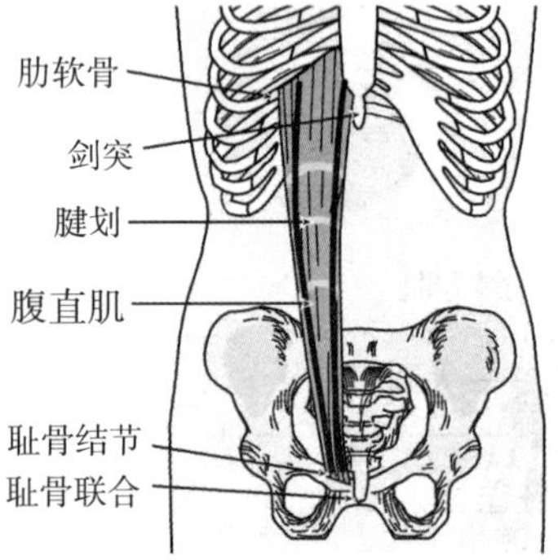

腰方肌

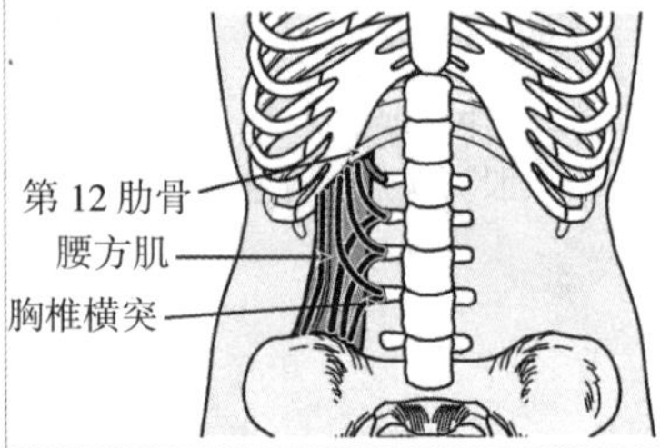

髂腰肌

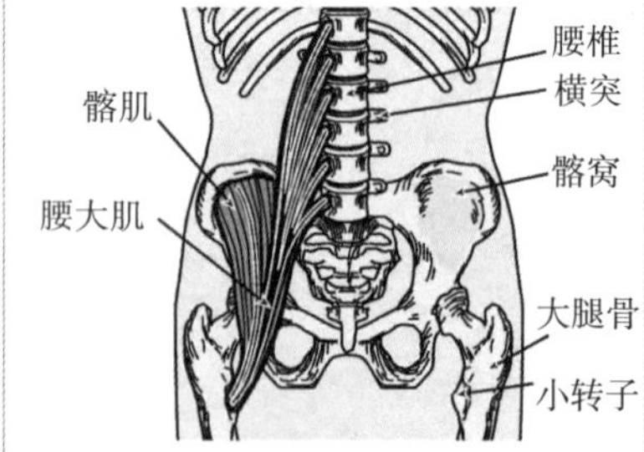

腹外斜肌

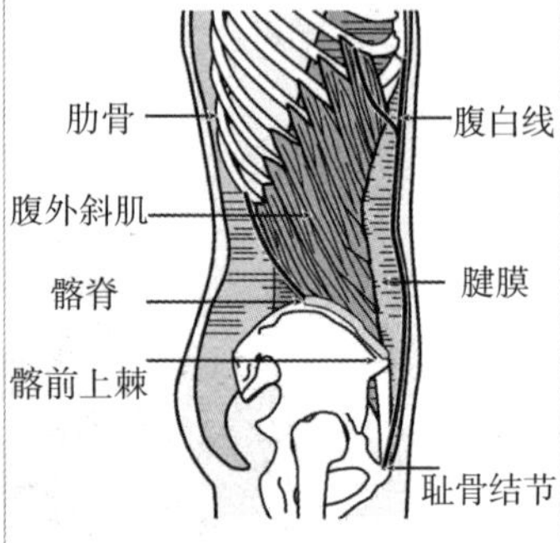

腹内斜肌

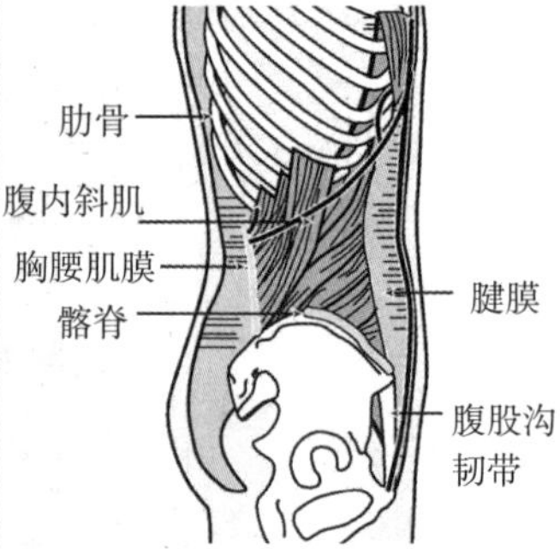

腹横肌

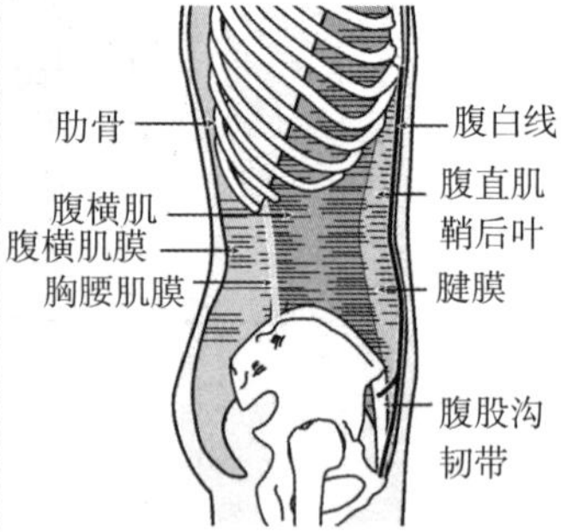

前臂屈肌群

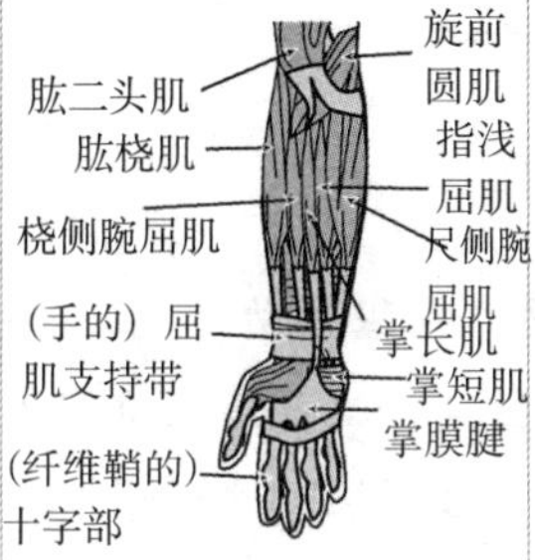

前臂伸肌群

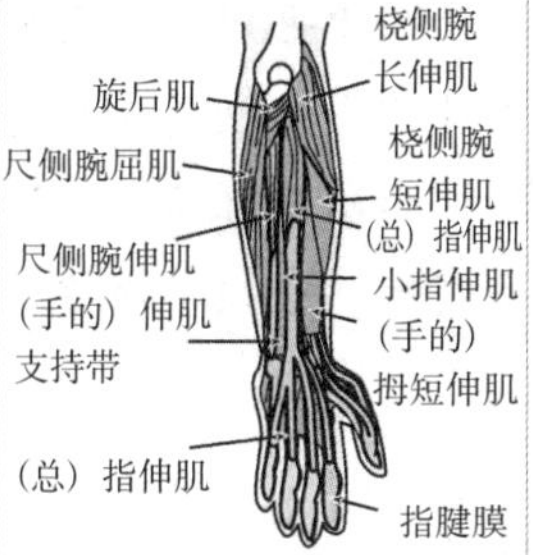

竖脊肌

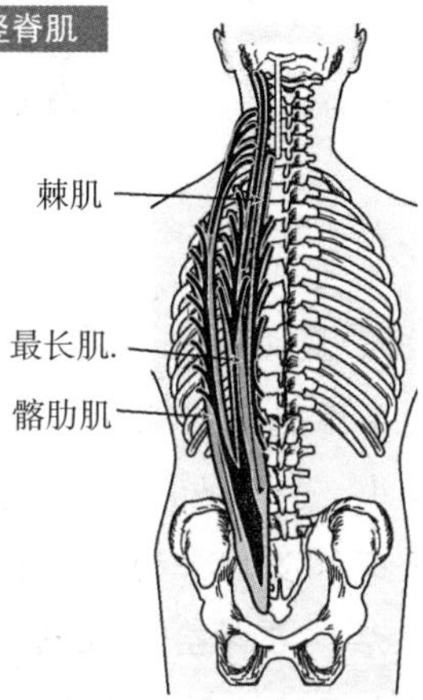

肩胛下肌

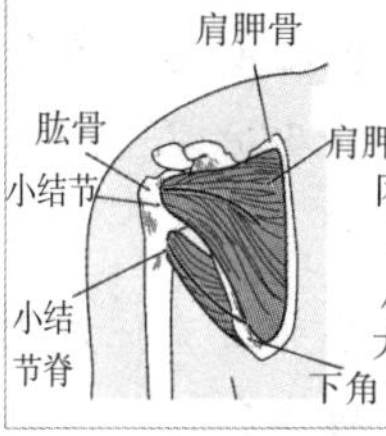

冈上肌、冈下肌 小圆肌、大圆肌

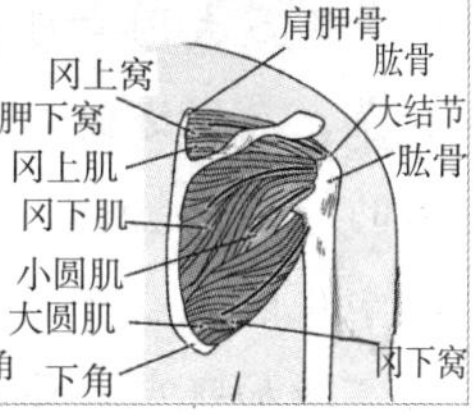

胫骨前肌

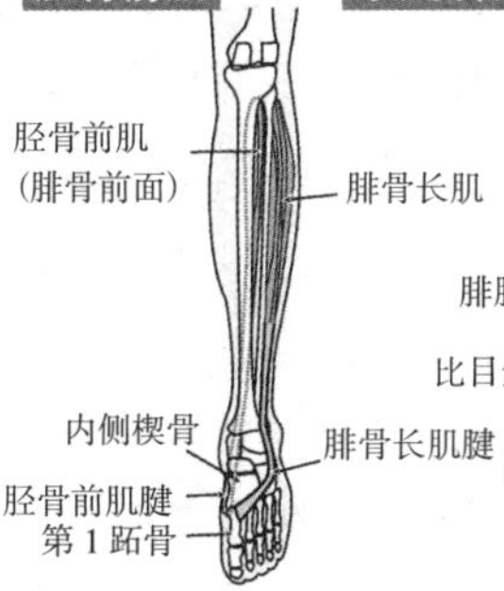

小腿后群肌

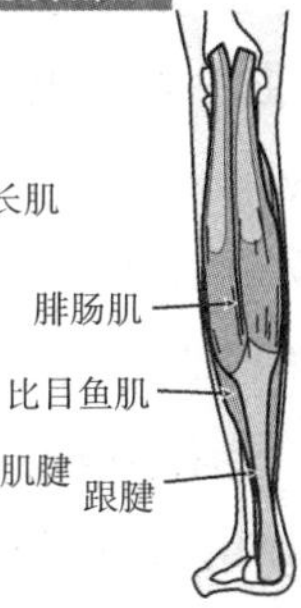

足底

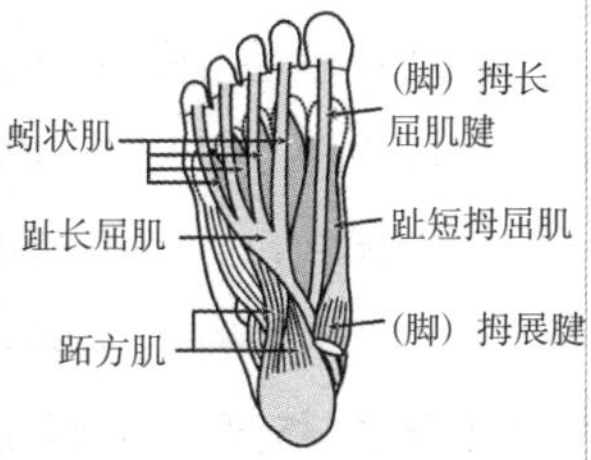

后 记

近10年中，肌力训练（更广义上的“抗阻运动”）在一般人中的普及达到了可以说“流行”的那种程度，就是连我那只有小学3年级的女儿，口中也经常会出现“肌力训练”这个词汇。

我想这是有很多背景的。我自己也是在18年前到东京大学担任副教授之后，在学会以及讲演会中，一有机会就总是“肌肉、肌肉”喊个不停，因此在肌力训练的普及中也说不定起到了一些推动作用。“肌肉排行榜”等电视节目的影响也是不可忽视的。但是，最大因素可能还是通过各种各样的研究证实了，不仅在体育界，在促进健康以及护理、预防等领域，肌肉也会发挥重要作用的原因吧。

在学生时代我开始参加健美运动时（1973年），正是处于人们认为“增加肌肉会使动作变差”“虽然肌肉增加了，但速度会下降”“即使锻炼了肌肉也不能变得健康”等的时代。在那时，肌力训练被看做是局限于举重、职业摔跤、投掷等项目的运动员，或者健美运动员等一部分狂热爱好者进行的运动。而这与目前在众多的运动竞技以及预防医疗的领域，“肌肉锻炼”是必须的一环的现状相比，就有恍如隔世般的感觉。

但是“肌肉锻炼”又的确是朴实的、需要毅力的工作。即使是持续进行了35年肌力训练的我，也绝不认为肌力训练本身是什么愉快的事情。只有那些“肌力增加了”“肌肉增加了”等具体效果的获得，才成为了继续训练下去的原动力。也就是说，不是肌肉狂热爱好者的一般人在训练时，就更加需要制定具体的目标，而且针对制定的目标确实能够得以实现的计划是非常重要的。此外，还有必要对营养以及休息等训练之外的事情进行充分的考虑。从更注重于上进心和为了达成目标而努力这一点来说，肌力训练与看到的不同，是更需要智慧的活动。

为了获得真正的效果，首先需要知道谁是敌人。也就是说，弄清自身的肌肉是非常重要的。为此，在本书中将肌力训练需要的基础知识用通俗易懂的方式进行了解说。由于考虑着将“一般人经常会出现疑问的地方弄清楚”，本书采用了接受诸位编辑提出问题，并对它们进行回答的形式。由于问题超过了200个，需要考虑的难题也就变得很多。虽说因为只能基于经验进行推论而不太理想的地方也为数不少，但这促成了我学习到“即使只是为了能够充分应对纯朴的疑问，科学还有很大的、可以进步的余地”的机会。

如果本书能够对了解“自己的肌肉”“肌肉与脑以及心脏的关系”形成一点帮助，并成为注意到“肌肉和脑以及心脏不是只作为身体的某一部件，而是它们有机地结合起来协同工作才形成了身体”的契机的话，我倍感荣幸。

最后，在本书的出版过程中，从基本的构成到形成最初阶段的原稿为止，受到了Lighthouse的本岛燈家氏、棒球杂志社的光成耕司氏的很多关照，在此深表感谢。

石井直方

2008年11月

作者简介

石井直方

1955年，出生于东京都。东京大学理学部毕业，并在同所大学完成博士课程。

东京大学教授（运动生理学、训练科学）、理学博士。

研究骨骼肌对力学环境的适应机制、以及作为其应用的抗阻训练的方法论、健康以及防止衰老等方面。

作为日本最优秀的“肌肉博士”还活跃于电视节目以及杂志。

著作包括《慢速训练》（高桥书店）、《塑造一生不会肥胖的身体的方法》（X-Knowledge出版）等。

获得健美先生日本冠军（1981年、1983年）、获得IFBB男子亚洲冠军（1982年）、NABBA世界锦标赛第3（1981年）。

版权声明

图字：01-2010-4950

图书在版编目（CIP）数据

肌肉百科全书 /（日）石井直方著，魏文哲译. –北京：人民体育出版社，2013（2020.8.重印）

ISBN 978-7-5009-4401-0

Ⅰ.①肌… Ⅱ.①石… ②魏… Ⅲ.①肌肉–力量训练–问题解答 Ⅳ.①G808.14–44

中国版本图书馆 CIP 数据核字（2013）第 002279 号

*

人民体育出版社出版发行

三河紫恒印装有限公司印刷

新 华 书 店 经 销

*

880×1230 32 开本 11 印张 380 千字

2013 年 2 月第 1 版 2020 年 8 月第 6 次印刷

印数：12,501—14,000 册

*

ISBN 978-7-5009-4401-0

定价：35.00 元

社址：北京市东城区体育馆路 8 号（天坛公园东门）

电话：67151482（发行部） 邮编：100061

传真：67151483 邮购：67118491

网址：www.sportspublish.cn

（购买本社图书，如遇有缺损页可与邮购部联系）